1913

百年新新

站在中国近代史的阳台上

杭州新新饭店◎主编　胡晓明◎执行主编

华东师范大学出版社

·上海·

图书在版编目（C I P）数据

百年新新：站在中国近代史的阳台上 / 杭州新新饭店主编；胡晓明执行主编．
-- 上海：华东师范大学出版社，2023
ISBN 978-7-5760-4010-4

Ⅰ．①百… Ⅱ．①杭… ②胡… Ⅲ．①中国历史 - 近代史 - 研究 Ⅳ．① K250.7

中国国家版本馆 CIP 数据核字 (2023) 第 117363 号

百年新新：站在中国近代史的阳台上

主　　编　杭州新新饭店
执行主编　胡晓明
策划编辑　许　静
责任编辑　陈　斌
审读编辑　朱丽君
责任校对　陈　易
装帧设计　卢晓红

出版发行　华东师范大学出版社
社　　址　上海市中山北路 3663 号　邮编 200062
网　　址　www.ecnupress.com.cn
电　　话　021-60821666　行政传真 021-62572105
客服电话　021-62865537　门市（邮购）电话 021-62869887
门市地址　上海市中山北路 3663 号华东师范大学校内先锋路口
网　　店　http://hdsdcbs.tmall.com

印 刷 者　浙江临安曙光印务有限公司
开　　本　710 毫米 ×1000 毫米　1/16
印　　张　15.25
字　　数　165 千字
版　　次　2023 年 11 月第一版
印　　次　2023 年 11 月第一次
书　　号　ISBN 978-7-5760-4010-4
定　　价　128.00 元

出 版 人　王　焰

1913

编委会

新新旅館

/ 1913 年的何庄，第一次挂出了“新新旅馆”的招牌

/ 北山街中段——新新饭店建筑分布图（民国时期）

（由东至西分别为何庄、董庄、孤云草舍、关帝庙、秋水山庄、招贤寺）

/ 新新饭店远眺（现貌）

杭州新

/ 著名书法家启功先生为新新饭店题写的诗句

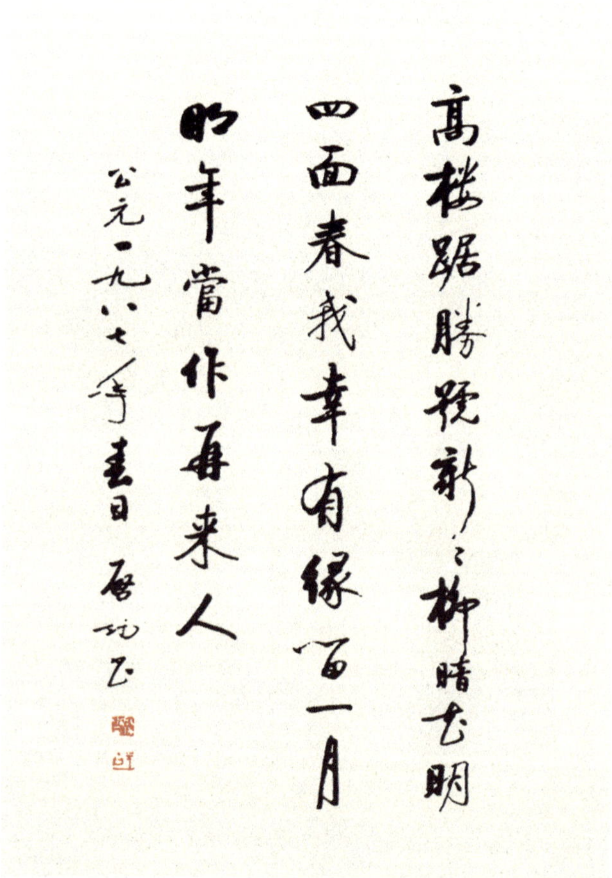

目　录

序一　站在近代史的阳台上

胡晓明

十多年前，我第一次来到这个凌波万顷的大阳台，就已经被深深地震撼了：

背靠苍苍郁郁的葛岭山脉，正面是全幅涌入、濛濛绿水的湖光山色，是千年白堤、断桥、孤山、放鹤亭，左面远方，是渐渐漫过来的现代杭州城市高楼天际线，而楼下是蔡元培、胡适、苏曼殊、李叔同、蒋梦麟、张元济、黄炎培、史量才、徐志摩、丰子恺、巴金、艾青、杜威、罗素、谷崎润一郎、芥川龙之介、竹内栖凤等诗人、画家、作家、学人，以及近代若干重要政军人物下榻流连之处，我敢说，没有哪一个阳台，可以有资格跟新新饭店的这个大阳台相比——这里曾经所聚集的灵秀之气、纵横之气、慷慨之气、野逸之气、风云之气，直到今天，都撼动人心，不免令人有一种“站在近代史的阳台上”的兴发感动，甚至思如泉涌。

其实，近代史，作为连接古典中国与现代中国的一座似断实连的“断桥”，其画龙点睛之处，正是一句话：通古今而汇中西。然而这里面的意思，正如新新饭店所面对的山水，交替错综、重重叠叠。懂得了这句话，就读懂了新新饭店；读懂了新新饭店，也自然读懂了近代中国。下面是几个“截屏”：

那年，新新饭店记住了一场爱情：近代中国最自由的灵魂，却有又神仙而又不自由的爱情。那年胡适住在新新饭店的日记，忽然破天荒断了三个月，第二年写下那首《多谢》：“多谢你能来，慰我山中寂寞。伴我看山看月，过神仙生活。匆匆离别便经年，梦里总相忆。人道应该忘了，我如何忘得？”其实胡适对梦中情人曹诚英的爱，是刚刚从传统挣脱的近代婚爱的一个缩影，然而还有一个更富于象征意味的别解：近代中国的爱而不得其所爱，又不能忘其所爱；不能忘其所爱，因而有山重重、水叠叠的纠缠、苦恼、无奈与执着。美人香草，芬芳悱恻，爱情，通往家国、通往政治、通往理想。

罗素那年来杭州，也住新新饭店。西湖一定很喜欢他，因为他的思想也是如西湖一样山重重水复复。譬如他不喜欢暴力，不喜欢一根筋，不喜欢“医治百病的灵丹妙药、毕其功于一役的社会革命”。但是近代中国太生猛太剧烈，跟他有点隔。后来罗素在保定讲演时脱掉外套，引发高烧，差点没命。他说，那回中国人打算把他葬在西子湖畔，并且修一座祠堂来纪念。这也很可能是他自己潜意识中新新饭店与西湖印象的投射。

一九二六年夏天，荷香湖畔。丰子恺的《法味》一文中，记叙了他去招贤寺探访弘一法师的情景。他说：“下午我与S先生分途，约于五时在招贤寺山门口会集。等到我另偕了三个也要见弘一师的朋友到招贤寺时，见弘一师已与S先生对坐在山门口的湖岸石埠上谈话了。”S先生即夏丏尊。弘一后来说，夏是启发他出家的人。其实夏丏尊不过是跟李叔同一起在西湖湖心亭喝茶，看着静静的湖山，说了一句“我们这种人，出家做和尚倒是很好的”。要怪还是要怪西湖的山水，重重叠叠，一定要配一个高人。“良马见鞭影而行”，李叔同遇到西湖，就一定会成为弘一法师。我一直说李叔同的出家是一个近代中国之谜。多少年来，面对门前的依依柳色、翠翠荷花，新新饭店也像一个静思的高人，一直在参悟对话其中之谜。

当然，西湖山水的温柔婉转之中，又有纯直的刚烈硬朗之气。对面的林和靖，最厉害的诗不是梅花诗，是以诗作遗嘱：“湖上青山对结庐，坟头秋色亦萧疏。茂陵他日求遗稿，犹喜曾无封禅书。”不降志、不辱身、不因权力而委曲人格。女侠秋瑾也埋骨孤山。黄炎培在这里写《人民西湖十四首》，“一例西泠掩夕曛，伊人秋水伴秋坟。当年壮语成奇祸，缟素词坛十万军。”这个“十万军”，是有典故的。秋水山庄主人史量才握着蒋介石的手慷慨地说：“你手握几十万大军，我有几十万读者。”这大概是西湖边上、也是近代史上文人面对权力，最为掷地有声的声音了。刺杀史量才的敌人没有想到，他们可以灭得了史量才的肉身，但却灭不了史量才身后这一幅近代史滔滔滚滚而来的动能。正如后来鲁迅接着说：“你有你的大刀，我有我的金不换（毛笔）。”也正如古话说：“楚虽三户，亡秦必楚。”屈子的声音如雷音，也是在两千年先后的国史上，真的落实下来的。

这就是近代中国。

我还是要强调，从来没有哪一座酒店，像新新饭店这样面对着山重重水叠叠的风景：葛岭（山）——外湖（水）——孤山（山）——里湖（水）——吴山 / 南屏（山）……甚至看得见更远的山。这是道家哲学的阴阳变化，也是山水画的开合张敛，是天地音乐的回旋起伏，也是儒家思想的仁者智者——交替、重叠、错落、迭代……

也从来没有哪一座酒店，像新新饭店那样，既允诺一场思想家的浪漫爱情，又见证一个哲学家对历史的不浪漫；既送走一位转身离去的至性高人，又迎来一场声势浩大的世界博览会；既拥抱最古典的湖光山色与诗意人生，又眺望不可阻挡的现代化浪潮……古与今、传统与现代、中国与西方，真是山外青山楼外楼，看不完的风景，说不完的故事，山重水复的历史。从来没有哪一座酒店，像新新饭店如此深度地参与了近代中国的悲喜剧与交响诗。

从来没有哪一座酒店，像新新饭店一样，拥有这么多与近代中国相关联的人物，像一个熙熙攘攘、来去匆匆的舞台，锣鼓声、胡琴声、琵琶声，又苍凉又温馨，又激越又平静，终消歇于湖上烟月与渔樵晚唱。

站在近代史的阳台上，忽然发现，新新饭店的位置，左是断桥，右是孤山，夹在中间，噫！从来没有哪一座饭店，有这样绝处求生的风水，似《周易》中的“蒙卦”：艮是山，喻止；坎是水，喻险。险中求生，是“蒙”。

最强的生命，正是最艰难中昂首的生长。

毕竟是新新。通古今而汇中西，“苟日新，日日新，又日新”。

是为序。

序二

钱塘自古繁华，被誉为人间天堂的杭州，钟灵毓秀，历史悠久。作为千年古都，她有着丰富的历史文化遗产。其中具有深厚文化底蕴的“老字号”和优秀历史建筑是历史文化宝库中不可或缺的重要组成部分。杭州新新饭店是两者合而为一的代表，至今保存完好，更是湖上一道靓丽的文化风景线。

杭州新新饭店内的浙江省省级文物保护单位建筑群，既精致灵秀，又大气和谐，与西湖交相辉映，相得益彰，并在杭州自身发展的过程中，演化形成了中西合璧、风格独特的建筑群落。建筑群中的董庄、孤云草舍、秋水山庄、何庄旧址等不仅历史悠久，而且文化深厚，故事众多，为杭州近代建筑史增添了闪亮的一笔，也在中西文化交流中扮演了非常重要的角色，不仅为历史文化名城增添了神韵风采，更成为留住城市脚印，延续建筑文脉，见证历史发展的象征。

清代诗人龚自珍吟道：“踏遍中华窥两戎，无双毕竟是家山。”他是以故乡杭州为骄傲的。而我们今天为新新饭店走向辉煌而自豪。因为有了新新饭店这一“百年历史精品酒店”，杭州城市的脚印得以留存，建筑的文脉得以传承，人们的记忆得以延续……

“东南形胜，三吴都会，钱塘自古繁华。”从古至今，杭州一直以繁华之都的形象出现在世人面前，屹立于城市之林。杭州的魅力来自她的山水之美、人文之美、华贵之美，也来自她的城郭之美、市井之美、建筑之美。阅读杭州，浏览西湖，建筑便是最好的见证之一，它是杭州又一个“文化入口”。而新新饭店拥有极富人文积淀的优秀历史建筑，她当之无愧是这一“文化入口”的首选之一。

新新饭店按照近代文物保护建筑楼群的特色，进行了保护性装修改造，使新新饭店不仅在建筑风格上忠实地体现了近代文物饭店的历史文化特色，同时也将幽雅舒适的品牌形象呈现在宾客面前。曾被时光尘埃蒙蔽的新新饭店又找回了属于自己的荣耀，向着百年历史精品酒店发展之路，满怀信心地走下去。

为了传承城市的人文、维护街区的肌理、梳理建筑的脉络、总结饭店的经验，我们通过对饭店全面、系统、深入的调研、采访、摄影，史海钩沉，爬罗剔抉，实地踏勘，并选取其中具有代表性的经典建筑、历史传说、名人故事等加以汇聚整理，几经寒暑，几次论证，几易其稿，才有了今天这本图文并茂的《百年新新》。作为新新饭店的“软件工程”，《百年新新》不仅仅是浙江宾馆业独特的文化名片，更是历史发展的真实记录。

编者

序三

俞国伟

古往今来多少文人墨客、名流巨子都曾不辞万里之遥，纷纷来到西湖留下足迹。看那断桥、白堤、林逋的墓、孤山的梅、苏小小的坟、白娘子和许仙的故事、苏东坡的西子诗和东坡肉、秋瑾女侠的碑，以及那多宝多姿的西泠印社……多少异彩纷呈，而有一座饭店，可以把刚才说的那些名迹胜景，古往今来，都看到眼底，记在心里。可以说，全世界没有哪座饭店，能够感受到这么多新新不已的生机活力，呼吸到这么多又古典又浪漫，又轻盈又厚重的名胜气息；也没有哪一座饭店，能够与依傍着的湖光山色水乳交融，难分彼此：西湖是世上一流的人文历史景点，而环抱着西湖的新新亦坚持打造着一流的山水美学与历史人文精品酒店——二者其实是同体一心的！

正如这本书所记载的，西湖历史风云中，太多人寄寓新新，给西湖留下了极为宝贵的精神财富。这种报效国家、留芳史册、服务人民、新新不已、生生不息、实现自我价值的追求并未随着斯人逝去而消失，而是完美地融入新新的经营管理理念中："为宾客创造价值，助员工实现梦想。"先说第一句话："为宾客创造价值。"每一个来到新新饭店的宾客，都会被新新的山水美与人文美所感动，一流的服务，就是美上加美，美美与共，让新新成为宾客生命中难忘的美好时光与珍贵记忆，他们带走的照片中，不仅有西湖的美景，而且有新新的美食与美居，以及优美的精神气氛。

再说第二句话：“助员工实现梦想。”新新饭店从一开始就是一个有梦的地方，有创造活力的地方，永远有新新不已的追求的地方，代表着近代中国的人心。因而在如此一流的饭店，有如此的历史起点，有如此的文化底蕴，就更要追求卓越、踔厉风发、凝聚人心，打开向上一路。助员工实现梦想，这个梦是跟新新的文化核心价值相联系的！

当我们站在新新的阳台上，美景尽收眼底的同时，我们总能感觉到一种时代的气息扑面而来。听闻游客夸赞，新新饭店就如同西湖的博物馆。应该指出，这一说法其实并不完全准确。博物馆是供人参观的旧物，而新新与西湖一样，就像一本永远读不完的书，常读常新。新新的命名与她的店训成为相联结的生命有机体：“苟日新，日日新，又日新。”百年新新，总能把握住时代的潮流；未来的新新，坚守着“创新、用心、诚信、至善”的核心价值观，与时代同呼吸，永远走在新新的路上，是可以期望的。

是为序。

第一章

诗魂画梦的
湖光山色

北山，西子胸前的一串珍珠

如果西湖是美丽的西子，北山就是她胸前的一串美丽的珍珠。这里汇集了太多太好的楼台园林、别墅湖舍、传奇诗典、胜景古寺、名流奇女、高僧大德……

北山街历史文化街区地处西湖的核心区块，是杭州最早见诸文献记载的街区， 也是杭州城市的发祥地，堪称西湖沿岸自然与人文交相辉映的明珠。整个街区位于西湖风景名胜区的东北，东起保俶路，西至曙光路，南临北里湖，北靠宝石山、葛岭、栖霞岭，南眺西湖，东与市区湖滨相连，地理位置优越。

北山街是《杭州历史文化名城保护规划》确定保护的历史文化街区，划定的北山街历史文化街区重点保护区面积 40.11 公顷，传统风貌协调区面积 58.43 公顷，是目前杭州规模最大的历史文化街区之一。《杭州历史文化名城保护规划》明确该街区的文化性质为：近代建筑保护区。

北山街同时又是《杭州西湖风景名胜区总体规划》划定的核心景区之一，景区性质为：以历史街区、登山观湖及名人文化为特点的城景结合的景区。

北山现存最早的历史遗迹为秦始皇缆船石。最早记载缆船石的是陆羽的《武林山记》：“自钱塘门至秦王缆船石，俗呼西石头。北关僧思净，刻大石佛于此。”其后《淳祐临安志》《咸淳临安志》等均有记载。《淳祐临安志》称：“秦王缆船石，在钱塘门外。昔秦始皇东游泛舟，舣舟于此。”

翻开杭州早期文献，据有关专家检索研究，记载六朝史迹、地名百余条，其中大部分分布在北山片，即从宝石山至灵隐寺一带。缆船石、西石头、灵隐寺等是出现频率最高、记载最为详细的古地名，历史轮廓也渐趋清晰。

值得一提的是，东晋咸和年间（326 年—334 年），印度僧人慧利结庵于灵隐山下，创建灵隐寺，北山成为通往灵隐的主要香道。千百年来，多少虔诚的信徒香客，长途跋涉，年年进香，岁岁祈愿，带动了北山的开发。

东晋著名道人葛洪隐居北山，在葛岭建抱朴寺，修井炼丹，采纳天地精华，祈求长生不老之丹药，留下了千年不衰的抱朴道院和渥丹井、初阳台、葛仙井等名胜史迹，为世人所传诵。

六朝时期，钱塘名伎苏小小，徜徉西湖山水之间，巧遇阮郁，互结同心，留下了一段哀怨凄美的爱情故事。

隋代的北山，山道蜿蜒，树木森森，偶闻猿啼虎啸。继灵隐寺开山之后，开皇年间（581 年—600 年），这里又相继兴建上天竺寺、下天竺寺。北山香火更盛，人烟更稠。

唐代西湖园林名胜，多集中在灵竺、孤山、凤凰山一带。灵竺以寺院园林著称，孤山以名胜湖景为胜，凤凰山则以官署园林成名。唐代北山街寺观密集程度仅次于灵竺，著名寺院有栖霞寺、凤林寺、招贤寺和东端入口处的昭庆寺，北山对岸为白堤、孤山，是唐代除灵竺以外名胜最集中处，孤山寺、白沙堤、梅园竹阁频现唐人诗篇。西泠桥畔，已聚居为西村，是去孤山等外湖的重要渡口。桥西北塊苏小小墓赢得诸多诗人骚客惜怜、嗟叹，传为千古佳话。

北山街大规模建设始于五代吴越时期。此时北山新建各类景点名胜十三处， 较唐代的寥寥四五处有了明显的增加。这时的北山街，除了隋唐所建寺观祠墓外，还增加了很多自然景观。吴越国王亲封寿星石、蹬开岭，并兴建了点缀山间水渚的亭台楼塔。吴越国王崇尚佛教，后宫尚黄老学，北山寺院宫观相邻，香火炽盛。著名的保俶塔、大佛寺、崇寿寺、宝胜院、金轮梵天寺等均为吴越国王及皇亲国戚所建，杭州史称“东南佛国”。

南宋时期，杭州成为都城，人口激增，西湖游赏风气日盛。据《武林旧事》记载，北山线共有一百一十一处景点，园、楼、观、堂、院、庵都有。其中，葛岭路四十八处，北山街七处，孤山九处，西湖三堤二十六处。是时，北山街沿线除寺观外，私家园囿大增，较著名的有杨驸马园、谢太后园等。后史弥远在北山圈地置朱春园、小隐园、琼华园，台榭十分工丽。贾似道得集芳园后，费钱百万缗，大兴土木，对其进行改造装修。此后，他又于集芳园左建养乐园。于是，贾氏园地占据了智果寺以西、招贤寺以东，北至葛岭山麓，几乎拥有北山大部分山林，真是“朝中无宰相，湖上有平章”。

南宋绍兴年间岳飞被害，先葬北山之湄（即今宝石山之北）的九曲丛祠。孝宗即位，昭雪岳飞案，礼葬岳飞于栖霞岭南。牛皋、张宪分别葬

在今栖霞岭、东山弄口。同时，统治者改智果院为岳飞祠，妙智庵为牛皋香火院，为世人瞻仰英灵、寄托哀思之所。栖霞岭一带因依托岳庙，遂发展为街市，人烟甚为稠密。

元代晚期，为表现元朝大一统的政策，粉饰太平，西湖游赏活动有所恢复，列入元代“钱塘十景”的北山及周边景点有“葛岭朝暾”“西湖夜月”“孤山霁雪”“六桥烟柳”，沿湖景点占了七成。但元朝与唐、宋毕竟在国力、文化取向、审美情趣和习俗信仰等方面有所不同，游赏内容也由以西湖为中心，发展到钱塘江、西溪、城北运河一线。

明、清两代，西湖治理又受到杨孟瑛、李卫等有识之士的重视。明时，田汝成写就《西湖游览志》，记述北山胜迹（从涌金门至天竺，并含西溪）二百余处。其中，位于今北山街范围内的景点约占三分之一。

明、清的北山，在原有寺观、园林的基础上又增加了较多的祠、墓、庵、堂和沿湖景观。

清末太平军两次攻入杭城，西湖再次蒙受战火，文澜阁藏书部分化

为灰烬，玛瑙寺等被毁。但清同光年间，部分寺观得以重建。

1913年，辛亥革命光复杭城不久，紧接着拆除城墙和旗营，人们出游西湖更为方便了。随后全线拆除涌金门至钱塘门的城墙，从此打破几千年来城湖阻隔、城内实行宵禁的规矩。之后修建钱塘门至白堤和灵隐寺的环湖公交线，修筑沿湖石驳坎，设置路灯，建设环湖公园和公共设施，西湖开始了大规模的近代化建设。1922年，北山街已建成乙级马路，宽9.6米。不久，岳坟路改名为静江路。

是时的北山街，因得城湖之便，又背山面湖，地理位置极佳，引得达官贵人、商贾巨富圈地营室，其中北山街一带的地价最高，每亩达五千元，远远高于市中心庆春路的每亩一千五百元。其中著名的有吴兴张石铭的绿柔湖舍、刘承干的留余草堂、刘湖涵的孤云草舍，以及王庄、春润庐、静逸别墅、如庐、省庐等。

1929年是北山街历史上最辉煌的时期，这一年浙江省政府在这里举办了规模空前的第一届西湖博览会。博览会征用北山街的私人别墅、庵堂和寺庙建筑，设八馆二所，陈列展品。当时上海商务印书馆出版的《西湖博览会会场全图》，十分翔实地反映了西湖博览会前后葛岭路以南和北山街的情况。对照此图，可知现在北山街上所存约百分之七十的建筑建于1929年以前。

当时的北山街分东、中、西三段。东段从石函路至宝石山前山，东侧建筑密集，西头建筑略少，从东至西，分布有日本领事馆、张石铭绿柔湖舍、张公祠、蒋经国故居、军政部军医司第二后方医院、留余草堂、兜率寺、夏侯庙、坚匏别墅。中段从智果寺山门至招贤寺，建筑最为密集，依次有妇女养病院、寄庐、抱青别墅、毓秀庵、王庄、菩提精舍、多子塔院、春润庐、福居庵、吴公祠、新新旅馆，孤云草舍、关帝庙、闲地庵、招贤寺。西段从西湖养病院至岳庙东侧，是北山街建筑较少的一段，多树木草地，从东到西依次为西湖养病院、地藏殿、葛荫山庄、葛氏花园、止园、童公祠、息庐、惠中旅馆、严庄、杨庄、瑶山别墅（即劳园）、洪忠宣公祠、爱日精庐、旁氏墓道、松风大师墓、凤林寺、苏小小墓、岳庙东侧三进小建筑和岳庙。

1928 年为筹办第一届西湖博览会，在北山街中西部还分别建造了工业馆、大礼堂、跳舞厅、博览会桥等建筑，并利用街内空地搭建了五处商场，北山街建筑格局至此确定了下来。

西湖博览会后，喧闹的北山街归于平静。征用的馆舍发还主人，展品拍卖的拍卖，归还的归还，为西湖博览会建造的展馆多用于公共娱乐或拨给学校、团体使用，部分建筑如博览会桥在抗战时期被毁，大礼堂被日军拆毁，后方医院用地归浙赣铁路局使用。

抗战结束后，杭州西湖回到国民政府手中，经短暂的恢复，西湖游览又有回暖。政要富商们又瞄准北山街这块风水宝地，圈地建房，尽享湖光山色。

赞曰：千里江南冬复春，长街老庙隐红尘。
车舟过尽湖山在，堤柳年年照眼新。

放鹤亭的梅花与绝笔诗

站在北山街，对面就是放鹤亭。放鹤亭位于孤山西麓，为纪念北宋诗人林和靖而建。

林和靖（967 年—1028 年），名逋，字君复，杭州人，长期隐居孤山，终身不仕。他在绝笔诗中写道："湖上青山对结庐，坟头秋色亦萧疏。茂陵他日求遗稿，犹喜曾无封禅书。" 颇以没有做过御用文人，不曾为封建王朝歌功颂德而自傲。他平日除吟诗作画之外，喜欢种梅养鹤。林和靖死后葬在孤山，传说他养的那只鹤也在墓前悲鸣而死。元代陈子安（杭州人）曾在林和靖放鹤处建造一座放鹤亭。历代文人雅士多有题咏，对林和靖的隐居生涯十分称道。今放鹤亭重建于 1915 年。平台宽阔，栏杆精巧，亭壁的《舞鹤赋》为南北朝鲍明远的作品。碑文是清代康熙皇帝临摹董其昌书法的手迹。亭上方的林和靖墓与鹤冢，现均已修复。

放鹤亭一带，是西湖孤山赏梅胜地。放鹤亭左右已广植梅林，一直延伸到西泠桥堍。每到严冬，这里寒梅怒放，清香四溢，成为一片"香雪海"。

赞曰：鹤隐门亭见旧联，摩崖石字说当年。

梅花已伴三生净，一种精神尚入禅。

葛岭朝暾

从新新饭店到葛岭，只有几分钟的登山路。

葛岭，东接宝石山，西连栖霞岭。岭巅海拔 125.4 米，由侏罗纪石灰岩构成。相传东晋葛洪曾在此炼丹，故名。

初阳台位于葛岭之巅，与栖霞岭的乌石峰东西并耸。虽有台名，实为山巅平旷，宜远眺，故名。据说每岁十月朔旦，可观日月并升，为“钱塘十景”之一的“葛岭朝暾”。1915 年，吴县杨叔英等出资，在此筑一石台，以志旧迹。今初阳台为 1959 年重建。清《西湖志》卷三载：“十月之朔，海日初出，炯然可观。盖地势既高，直望东北海际。当日轮乍起，微露一痕，瞬息间霞光万道，天半俱赤，红若琥珀，大如铜盘，光景离奇倏然变幻，不可端倪，故有东海朝暾之目。”

初阳台往下，有半山亭，楹联六处，亦是西湖最好的文字：

蓝桥咫尺神仙路，丹诀流传道士家。

这是写葛洪的仙家风神。

台上露擎仙掌白，塔西雨过佛头青。

这是写初阳台以及周边的山色。相传佛发为青色，“佛头青”比喻青黛色的山峦，意兼山与人、仙与佛，是灵神汇聚之台。

江痕斜界东西浙，山色都收里外湖。

这是写远眺的风景。虚实相兼，十字打开。

孤隐对邀林处士，半闲坐论宋平章。

宋平章指贾似道。平章即议论。南宋宰相贾似道的府第“半闲堂”，遗址正在这里。元人刘一清《钱塘遗事》卷五《似道专政》：“咸淳丁卯，贾似道平章军国重事。……军国重事，似道于湖上闲居遥制。时人语曰：朝中无宰相，湖上有平章。”这是写对面孤山的隐士，山中的南宋宰相，一种洒然的风神，共同营构了宋人的风致。

明月倒涵鱼港棹，晓霜背听风林钟。

这是写西湖的物色。

有几两阮公当著，作一半白傅勾留。

这是写西湖的精神影响。上联用《世说新语·雅量》中阮孚“未知一生当着几量（两）屐”事，下联用白居易“未能抛得杭州去，一半勾留是此湖”句意。

西侧枕漱亭遗迹，朱笔亭名，旁又书“父母者有形之天地，天地者无形之父母也”，父母、天地，可并列为世间最大事。无论亭、联、行书，皆如天造地设。

不知道世界上还有哪座饭店，有如此氤氲风雅的文气？

赞曰：秀岭仙风掠碧湖，山光水色境其孤。

道人遗刻苔痕绿，洞府千年看万殊。

幽幽镜湖厅，烈烈巾帼魂

镜湖厅景区坐落在北山街滨湖地段，与孤山放鹤亭隔湖相望。其为纪念秋瑾女侠之地。秋瑾(1875年—1907年)，字璿卿，又字竞雄，号鉴湖女侠，山阴(今浙江省绍兴市)人。近代民主革命烈士。她蔑视封建礼法，主张妇女解放。庚子事变后，痛感帝国主义的侵略、清廷的腐败无能，为寻求救国之道，于1904年东渡日本留学，次年加入孙中山领导的同盟会。回国后，先后创办中国公学和《中国女报》，鼓吹民族民主革命。主持徐锡麟在绍兴创办的大通学堂，亲往金华、兰溪等地联络会党，组织"光复军"，准备配合徐锡麟在安徽的起义。后事泄被捕，1907年就义于绍兴轩亭口。

郑祺生在1987年曾撰写《镜湖厅的来历》："镜湖厅原是为了纪念辛亥革命烈士秋瑾而建的。1913年7月，秋瑾灵柩从湖南还葬西湖西泠桥畔，基旁筑有风雨亭，而所有纪念活动都在附近的积社进行。抗日战争胜利后，该社借作西湖中心小学，因此在里湖之北，面对孤山处另置一厅，作为聚会、演讲之所。因秋瑾自号鉴湖女侠，'鉴'与'镜'相通，《越中杂识》载：'镜湖，在府城南三里，亦名鉴湖。'故题名为'镜湖厅'。此处濒临西湖，湖平如镜，且与鉴湖一样有'山阴道上行，如在镜中游'的清丽意境。镜湖厅以前曾长期移作他用，房屋亦破旧不堪。最近市园文局在开辟环湖公园时，重新整修了镜湖厅，朱楼粉墙，花架长廊，孤石曲径配合得体，并由著名国画书法家唐云题其额，傍又筑'邀梅揖石轩'，使它典雅中更带诗意。"

镜湖厅作为一个人文景观，与鉴湖女侠的精神合融，成为英灵魂魄栖居之所，如其昂首的头颅，永恒地眺望在山水之间。

现今景区内有一架紫藤，苍老青翠。周围大片幽静之地，植有桂花、茶花，沿湖则是桃柳夹植。此地的露天茶室早已成为休闲佳处。春日花艳，

秋日桂香，四季宜人。

赞曰：清鬓人曰世上珠，平生功业在危途。

如花侠骨倏然谢，是处亭幽记鉴湖。

白堤十锦，保塔亭亭

白堤原称白沙堤，起自断桥，切过孤山，止于西泠桥，全长一公里。白堤两侧是北里湖和外湖，北望宝石、葛岭诸山，南则遥对南山、吴山。

白堤筑于何时已难考证，它可能是西湖上最早的堤，至迟在唐代已存在，有白居易诗为证：“最爱湖东行不足，绿杨阴里白沙堤。”后人因纪念白居易对西湖的贡献，把此堤称作白堤。宋时，因此堤通孤山，时人又称之为“孤山路”。明代，内府织造孙隆在堤上垫石铺沙，在两边遍

植桃柳。当早春三月莺飞草长之际，堤上绿草如茵，繁花似锦，故称“十锦塘”。行走堤上，熏风拂面，是人们踏青的好去处。在白堤上北望宝石山上的保俶塔，像一位少女亭亭玉立。

自白居易在此写下千年不朽的春游诗句，古来诗人们于白堤咏春现象便层出不穷。张景祁言“春游好，最好白堤边。浅草泥松靴凤涴，落梅风急纸鸢颠。裙带一丝牵”，极具踏春的生活气息。清代沈德潜诗言“破楚门西更向西，画船双桨白公堤。人家临水花为市，僧舍沿山石作梯。弱柳似随歌扇拂，好莺偏傍舞筵啼。讨春年少情难尽，不许亭亭日色低”，视角广阔，音调谐美，写尽白堤之景秀春和。此外，文人于白堤之泛舟、步月雅诗也为此地增加了传诵不朽的诗意。

赞曰：乐天一筑号白堤，百代春光在此栖。
　　　寻胜骚人争咏境，春诗万纸赛虹霓。

北山街，吟咏千年的诗

北山街是一首含义隽永的诗，一幅秀美的山水画卷，一座近代建筑的博物馆，一条承载千年沧桑的文化长廊。

北山街宛如一位美少女，四季都呈现着动人的风姿。春日，万物复苏，草长莺飞，充满了大自然的生机和活力；夏日，浓荫蔽日，湖边莲叶接天，荷花婀娜，微风扑爽，艳丽迷人的景致中透着阵阵清新之气；秋日，路旁梧桐叶黄，金带锁岸，山间各色树叶错杂交织，构成一个色彩斑斓的植物世界；冬日，宁静而安详，每当雪花纷飞、万物沉寂之时，“断桥残雪”独特的意境令人流连徜徉，心驰神往。

北山街自古繁华，人文荟萃。尤其是在北山街三千一百米的长街短巷里集中筑有不少近代建筑，留有许多人文遗迹，它们依山傍水，坐北朝南，与西湖山水相得益彰：有漫漫阶梯、高高石壁的深宅大院，有雕花门楼、铁铸大门的西式别墅，有大殿厢房、暮鼓晨钟的寺庙庵堂，有白墙黑瓦、石门花窗的中式宅院，有阁楼飞檐、土墙木柱的民居小屋，有高屋轩敞、气势恢宏的公共建筑……

短短几公里的北山街，竟汇聚了一百多处人文遗迹。这样的密度恐怕在其他城市是十分少见的。它们构成了杭州最具特色的近代建筑群，是杭州近百年建筑历史发展轨迹的实物见证。

其中，百年名店——新新饭店正好位于这座“近代建筑博物馆”的核心位置，居于北山街的中段，背靠葛岭，面对西湖，东近断桥，西接孤山，是一处在选址和布局上都十分注重宅园风水的“风水佳穴”。

新新饭店的建造者尊重传统建筑文化，认为风水是地景崇拜的体现，讲求人和宇宙的协调，反映了他们对地质、地理、生态、景观、建筑的综合观念。这是一种“天人合一”的地理观，被西方科学家称为“东方文化生态”。新新饭店的建造者和管理者多为中国的社会精英，因此在构筑宅园时，也综合运用了中华先人数千年积累下来的生态经验。饭店由东至西，一字排开，高低错落， 左右参差。建筑群“虽由人作、宛自天开”，山环水抱的环境生态、静观自得的心理建构和文气盎然的艺术氛围，构成了诗画一般的梦幻境界，也成为北山街“风水佳穴”的实践标本。

新新饭店的建筑群不仅品种丰富，类型齐全，且处于大吉之地。由东往西，分别为新新旅馆老楼（何庄老楼，后经修缮仍名何庄，1913 年开业）、新新旅馆（董锡赓于 1922 年建造）、孤云草舍（南浔刘家于 1912 年建造）、关帝庙（清朝中期，今已不存）、秋水山庄（史量才在 1932 年建造）、招贤寺（又称玉佛寺，清末重修），它们之中，有庄园，有寺庙，有别墅，有旅馆，组成了一组丰富多彩的复合体建筑群，留下了一座有容乃大的新新饭店。

新新饭店前南有通道、湖水、长堤、远山；后北有青山屏障，溪水潺流；左东为断桥、广场、一面城；右西有大路、深径、半壁山。四周城郭雉堞，冈阜逶迤，草木葱茏， 湖光水声，形成了山环水抱、山清水秀、山北水南的天然地形。这种地形使生气凝聚而不散泄，紫气东来而可接纳，是完整、安全、均衡的环境构图和建筑安排，构成了良好的心理空间和景观画面。

新新饭店，一组风光建筑，一处“风水佳穴”，一座看得见千年风景的饭店。

赞曰：孤云草舍梦中图，秋水山庄镜里朱。
好是北街新雨后，招贤寺对里西湖。

/ 民国时期，北山街中段的新新旅馆及其周边的建筑清晰可辨

润泽生民二润庐

西湖旁边有两个著名的润庐，它们皆因名家私筑而得以扬名。但就其自身建筑来看，也颇有其独特的艺术生命。在润庐和春润庐的百年光阴中，见证着无数名流前来下榻与赏览。

位于西湖北山路54号的春润庐，始建于20世纪20年代中期。该建筑的主人为著名剧作家、戏剧理论家宋春舫及其好友朱润生，庐内有两座别墅，靠外的属朱润生，靠内的属宋春舫，“春润”之称正取自这对好友的名字。

春润庐前临北山路，后近葛岭路。建筑精美，两扇雕花铸铁大门配以花饰门楼，门楼两边是通透式铸铁栏杆围墙。进门即为花园前庭，原有硕大香炉一尊立于中央。左右两厢有青石阶引入主楼。春润庐建有许多阳台、走廊、屋顶平台和庭院阶梯式平台，这种别具匠心的开放建筑为居住者提供了自由的活动空间，增添了眺望湖山的趣味。

春润庐曾接待过一大批近代文化名人，如章太炎、杨杏佛、马寅初、徐志摩、熊十力、马一浮等。北大教授谭熙鸿之子谭伯鲁，就有五年的童年生活是在春润庐度过的。谭伯鲁先生回忆说：“那时，如有北大的教授去杭州，房主宋春舫总会建议同仁去他的春润庐居住。我们谭家由于是长住的房客，所以常常尽地主之谊，供应饭菜。这样春润庐也就成了不挂牌的北大招待所。我们谭家的人也当了五年的招待所所长。”中国近代著名教育家和革命家蔡元培亦曾是春润庐的居客。20世纪20年代，王宠惠、罗文干、汤尔、蔡元培等人提倡的“好政府主义”宣告破产，国内外时局愈加风雨飘摇，1923 年 1 月 17 日，蔡元培提出辞去北京大学校长的职务，在《向大总统辞北大校长职呈》中说：“数月以来，报章所记，耳目所及，举凡政治界所有最卑污之罪恶，最无耻之行动，无不呈现于中国。”1 月 21 日，他又发表《关于不合作宣言》，决定远离当时黑暗的北洋政府。蔡元培的辞呈并未得到政府回应，当年 7 月 20 日，蔡元培夫妇登上了驶往欧洲的轮船。1926 年 2 月 3 日，蔡元培从欧洲回国，隐居于杭州西子湖畔的春润庐，几个月后，又一次向政府部门递交了辞去北京大学校长的辞呈。北大全体师生为挽留蔡元培，派出谭熙鸿、钟观光两位代表南下，二人在春润庐中与蔡元培连日长谈，最终说服蔡元培答应在暑假期间暂缓辞职一事。1926 年 12 月 15 日晚，军阀孙传芳杀进杭州并对蔡元培发出通缉令，蔡元培不得不离开了春润庐。

1931 年，春润庐被转让给民族资本家项松茂、项绳武父子，在杭由“辛亥革命老人”黄元秀代理，并改名为“春晖小筑”。

而与其名字相似的润庐位于西湖区北山路上的宝石山前山路 1 号，是幢具有建筑价值和人文内涵的西式花园别墅。

润庐依山取势，临湖而筑，两层三开间的楼房占地面积 0.595 亩，建筑面积 308 平方米，共有房间 12.5 间。建筑平面呈不规则状，采用砖石木混合结构，外墙用水泥拉毛。门窗为钢结构，地板为洋松木料，建筑风格为纯西式。该楼的东南部特意设置了间转角屋，下为客厅上为平台，可观光眺景，可采光通风，有点类似于现代别墅的“阳光房”。

润庐建于 1932 年，当时的门牌是葛岭山路 2 号，它最早的主人是杭州名绅马文车。马是浙江东阳人，字心竹，1915 年毕业于日本政法大学，回国后历任国民革命军总司令部秘书处长、厅长，第一军政治部主任，甘肃省政府代理主席。之后归隐西湖，做起了寓公。解放后，马文车参加了“民革”，是浙江著名的民主人士。1961 年逝世，终年 72 岁。润庐的第二个主人是著名金融家金润泉，从 1909 年任大清银行浙江分行行长起，到 1951 年底中国银行杭州分行撤销为止，金润泉当了四十多年行长，扮演了四十多年主角，连任时间之长是空前的。家财万贯、名声显赫的金润泉在改朝换代、革命胜利的关键时刻，做出了正确的选择。

之后，润庐又迎来了新的主人何克希。何克希将军是浙东革命根据地的创始人之一，曾任浙东游击纵队司令员、第三野战军第三十五军政委。解放后任华东军区装甲兵司令员兼政委、浙江省政协副主席等职。1982 年 12 月病逝，终年 76 岁。

润庐前有西湖，后有宝塔，左依溪流，右傍山道。一边是公元 2023 年车水马龙的街道，一边是有千年古塔、百年苔痕的山麓；一边是时尚，一边是孕育时尚的历史。

这两所小筑都经历了百年沧桑，惯经历史的风雨洗礼，在它们中西合璧，或热闹或冷清的悠悠空间里，都曾有过润泽民事的大家于此居住，斯人已去，其昭昭之精神永存于两栋孤独而风雨难摧的小小建筑里。

赞曰：苔光树影照人多，小筑春晖锦水波。
阅尽门前新新史，飞花一片忽相过。

关帝庙去，古樟留香

新新饭店的孤云草舍和秋水山庄之间，原先有一座关帝庙，建于清朝中期。杭州民众对关羽尤为崇信，常将其与岳飞并提，至迟南宋末年，民间供奉关羽的庙宇已经“郡国州县、乡邑间井皆有”。栖霞岭岳墓旁（后迁至金沙港）、孤山南麓、吴山承天观侧和武林门外等处，均曾建有关帝庙。新新饭店处的关帝庙背山面湖，大门口的台阶甬道直通西湖。晚清时期，关帝庙香火尚旺。到了民国，北山一带纷纷建房筑屋，庙址也被人征租，“挪作他用”了。如今仅存一关公石像及四棵香樟，甬道、石阶、石狮等遗物已不复存在。这四棵已有一百七十年树龄的古樟，左右对称，枝繁叶茂，生机勃勃，见证着关帝庙的过去。

香樟为樟科、樟属的常绿大乔木，树形雄伟壮观，四季常绿，树冠开展，枝繁叶茂，浓荫覆地，枝叶秀丽而有香气，是作为行道树、庭荫树、风景林、防风林和隔音林带的优良树种。在杭州城市街道、西湖山水间，香樟总是撑起一张张硕大无朋的华盖，为古道设标，为行人搭棚，为村落置景，为僧院藏幽。香樟朴实无华、经济实惠，成为杭州人喜爱它的原因之一。

香樟能当选为杭州市树，是因为它是杭州的乡土树种，也是杭州自然条件下的代表树种。它在杭州的种植历史非常悠久，目前树龄最大的香樟是法相寺旁见证了杭州一千多年历史的唐樟。虽然关帝庙这块风水宝地寺舍早已荡然无存，连块砖片瓦都没有留下，但人们仍能看到这郁郁葱葱的百年古樟。如今高达数十米的身躯，探盖几百平方米的树冠，依旧可以追溯它当年的八面威风。

西湖是香樟的故乡，中国的史籍上早有“江西竹，江南樟，北方板栗，山东桑”的记载。杭州的气候条件非常适合香樟生长。香樟性喜温暖湿润的气候条件，不耐寒冷，适合生长于年平均温度16℃至17℃以上，绝对低温-7℃以上的地域。香樟对土壤要求不严，于深厚肥沃的黏壤土、沙壤土及酸性土、中性土中发育均佳，在含盐量0.2%以下的盐碱土内亦可生长。

民间把香樟视为村庄的景观树、风水树、祖宗树，寓意长寿、吉祥如意，人们十分敬仰。香樟树寿长，树姿雄伟，树冠开展，树叶繁茂，颇能象征杭州人艰苦奋斗、坚忍不拔的精神和情操。香樟树对氯气、二氧化硫、臭气及氟气等有害气体具有抗性；香樟的枝叶破裂散发香气，能驱蚊蝇；它还是生产樟脑的主要原料。香樟材质密致，有浓烈的香气，可防虫蛀，也是制作家具和手工艺品的上好材料。

关帝庙不存，但关帝的灵魂，似乎化为古香樟，高大温厚，在情在义。

她是新新饭店的标志之一。

赞曰：古木有香迎远客，清阴夹道绿参差。

千秋忠义应犹在，魂梦长栖最老枝。

虚谷应声如画境

孤山北侧的放鹤亭一带和相隔北里湖对面的葛岭、新新饭店之间有一片空旷的水面与空地，人们惊奇地发现，站在北里湖南侧的“云亭”一带，对着葛岭、新新饭店一带大声一叫：“喂——”稍许，就会听到对岸传来一声悠长的“喂——”。这就形成了西湖风景中一大奇景，叫“空谷传声”。这种看不到的特殊风景，叫“意境”。

那么，隔着湖面和空旷地带怎能聆听回声呢？这要从声音的传播说起。当叫喊的声音发出后，振动空气，形成声波。声波的传播不仅随着气温的变化而异（据测，空气在0℃时，声波传播速度是332米/秒；在20℃时是344米/秒；30℃时是349米/秒），亦会和空气中含有的沙尘微粒以及树林和建筑物等的吸声强弱有关。

声波要形成回声，首先要有合适的距离。据测定，当声源（即人叫喊的地方）与障碍物（山体、墙壁等）相距17米以上时，才能将原声和回音区别开来。所以，一般反射回来的声波，要在发过去的声波消失至少两秒钟后才能听到。其次，障碍物要坚硬，吸声系数要小，才能成为良好的声音反射体。

孤山北面“云亭”一带，面临空旷的北里湖水面，空气清新，吸声物质较少，与对面葛岭山体相距300米左右，加上葛岭、宝石山由坚硬的火成岩构成，山势具有一凹形弧度，具有良好的声波反射条件。众多游客和晨练的人们，每当走过这里，若行乐般响亮地叫喊时，即可“聆听湖上

空谷傳聲
自孤山巢居閣西望葛嶺一
帶山谷本無勝跡可尋以其
峽處山谷正對孤山之陰遊
人每於孤山放鶴亭或巢居
閣上大聲長嘯則山谷響應
良久乃息蓋聲浪被山所阻
遂折而迴即所謂空谷傳聲
是也

回声，正可大享耳福，有如置身深山幽谷，平添许多游览的诗情幻境”。

集诗僧、情僧、革命僧于一体的苏曼殊大师，1916 年创作的小说《碎簪记》中就有描述北里湖的一节文字：“余同庄湜既登孤山，……在放鹤亭游览， 忽一碧眼女子高歌曰：‘有爱足矣，何须多求？’女歌毕，即闻空谷作回音，亦曰：‘有爱足矣，何须多求？’时一青年继曰：‘哦！姑娘！爱至深切即成烦扰。’空谷回音如前。游人均大笑。” 苏曼殊的这节文字当属最早描述“空谷传声”奇景的。

“川皃连倒影，岩鸟应虚声。”“仆夫相呼岩壑间，空响应人作人语。”古人写到回声的时候，都是寂静的，而近代诗人的空谷回音，平添了如许浪漫，这也是新新的西湖，美丽的西子的缘故。

赞曰：云亭望岭堪吟啸，声去悠悠幻似真。
原是无聊空谷应，重言来戏有情人。

环湖旅馆，西子的新妆

杭州的旅馆业始于清末民初。在沪杭铁路未开通之前，杭州只有客栈，主要客户是杭州及近地的少量游客，而且这些客栈都集中在城里。著名的有杭州府衙前的人和堂、得堂，清河坊的爵禄栈，板儿巷里的名利堂等几家。

1909 年 8 月 13 日沪杭铁路全面通车后，外地到杭州来游玩的游客逐渐增多。为了满足这一市场需求，杭州新式的旅馆业也随之兴起。其中位于城站路与福缘巷口的清泰旅馆办得最早，建筑以及住宿设施也最好；其次是迎宾旅馆。这两家都是杭州振兴公司出资开办的。城里的上等旅馆还有清泰第一旅馆、宁绍旅馆、金刚寺巷口的华兴旅馆、福缘路上的正泰旅馆等；中等的有望江旅馆、五和旅馆、汇恒旅馆、大通旅馆等；而万安旅馆和同安旅馆等档次相对较低，主要客户为小工、车夫等。

而在湖滨、北山街环湖一带，旅馆业也很兴旺。据《民国杭州市新志稿》记载："自沪杭铁路通车后，促进商业，益形发达……其中以旅馆业最为发展。盖杭州各商号营业以春季香市（每年阴历二至五月，外地来天竺、灵隐进香者极多，此时称为香市），秋季观潮，两季为最旺。杭谚有春季赚钱，秋季过年之说，意为商家一年赚钱之期，便在春秋两季。旅馆业，得本市交通日便之利，故在进香观潮之际，旅客骤增，故莫不利市三倍。"

最早开办的是新新旅馆、惠中旅馆和西湖旅馆。到 1929 年西湖博览会举办期间，环湖一带又添了不少旅馆，如沧洲旅馆、瀛洲旅馆、西湖饭店、天然居饭店，此外还有蝶来饭店、西泠饭店、葛岭饭店、杏花村酒楼

/ 民国时期的湖滨路环湖旅馆，门前就是西湖

等，据徐珂编撰的《西湖游览指南》系列读物记载，环湖一带的旅馆中，除蝶来饭店与新新饭店价格相当——每日标价约在八元至十余元不等，其他旅馆的价格均在它们之下。

西湖旅馆如今已然不存，1921 年出版的《西湖新志》将惠中旅馆与西湖旅馆并提，而在 1934 年出版的《杭州市指南》中，西湖旅馆已经不见其名。从部分记载中可知，西湖旅馆位于北山街昭庆寺西边，与新新、惠中一样都属于西湖边最早开业的一批旅馆。值得注意的是，西湖旅馆与 1921 年开业的西湖饭店并非同家。

惠中旅馆毗邻孤山，原为清末绍兴人孙竹堂所建别墅，民国初改建为旅馆，《申报》（1911 年 3 月 4 日）曾刊登其开业广告："杭州西湖惠中旅馆二月初六日开张，希各界诸君惠临，特此广告。"惠中旅馆总体

/ 民国时期的沧洲旅馆广告，电话已用“三六八”的吉祥号码

为西式建筑，内部陈设又有中式花木、回廊，其不中不西的建筑风格多受诟病，时人曾贴联讥讽道：“欲把西湖变西子，而今西子穿西装。”

靠近孤山与凤林寺的西泠饭店则为西式建筑，建成于 1930 年，至迟于当年 5 月开业。《时报》（1929 年 7 月 29 日）刊登“建筑西泠饭店”一条：“此次西湖博览会特派南路徵品委员蔡仁抱赴粤徵品，与资本家颇多接洽，蔡君尤以交通实业最所注重，故在粤时当地人士邀求蔡仁抱劳儆安二君，发起创设伟大之旅馆于西子湖，以便粤方来浙旅客，蔡君返浙后积极筹备，已将就绪，觅定西泠桥畔劳庄为馆址，定名为西泠饭店，……业已开始动工。”《申报》（1930 年 3 月 24 日）：“有人拟在孤山边开设西泠饭店。已在积极筹备中。大约春深时节。即可开幕。”《申报》（1930 年 5 月 27 日）：“昨日汤君自杭州西泠饭店投函本报，具述失窃经过。”

西泠饭店于1962年重建，成为后来杭州饭店的何庄。

位于保俶塔下的葛岭旅馆建于1931年，主人为浙江湖州南浔镇上被称为“四象八牛七十二狗”的“八牛”之首邢抱青，在南浔人看来，资财在500万以上为象，100万以上为牛，10万以上为狗。邢抱青在西湖边建筑了北山路40号抱青别墅，也即葛岭旅馆，建筑为欧洲巴洛克风格，而砖木结构和内部陈设仍然保留了中式特色。葛岭旅馆在当时仅次于蝶来饭店和新新饭店。

蝶来饭店坐落于凤林寺旁、西泠饭店与杏花村酒楼之间，为鸳鸯蝴蝶派作家、著名实业家陈蝶仙之子陈小蝶（后更名为定山）于1930年春开办，其建筑气派为当时之最：饭店正面有两层，后部三层依山而上，飞檐丹柱，朱栏曲廊，颇具东方古典之美；饭店内部陈设豪华，仿照上海丽都饭店的建筑格局，有中西餐厅、跳舞厅、酒吧间，并配有汽车接送旅客。蝶来饭店于（1934年4月6日）开业，邀请沪上名伶胡蝶、徐来到场剪彩，以符店名“蝶来”之意。《申报》（1934年4月9日）：“文学家陈小蝶，经营实业、发展尤多，近于杭州故乡创办干一国货商场及蝶来饭店，均占商业重要地位，……开幕盛况在杭州实为第一次。”之后陈小蝶还邀请京剧大师梅兰芳前来入住，蝶来饭店一度名满江南。但最终因为经营不善和抗战的爆发，蝶来饭店屡遭重创。抗战胜利后，陈小蝶归杭修葺蝶来饭店，有人以“蝶来”与“敌来”同音而劝其改名，但时任杭州市长的周象贤认为“仍旧贯，何必改作”，最终保留了“蝶来”之名。1949年后，陈小蝶到了中国台湾，蝶来饭店也逐渐荒废。1956年，因对外交往的需要，在蝶来饭店旧址上又兴建了杭州饭店，1988年更名为杭州香格里拉饭店。佛千先生有《杏花村》词云：“杏花村，碧梧轩，记游踪。酒徒尽散，莼鲈空忆，惆怅对秋风。蝶来饭店最崇闳，开幕两星红。旧日风流少主，今朝海外成翁。”

南临西子湖，北倚宝石山，在众多旅馆中，新新旅馆的设施条件、周边环境和地理位置均属上乘，到了旺季时，生意供不应求。有一则故事可以说明这一点：当时有个外国人到西湖来游玩，到了傍晚打算找旅馆住，他听说里西湖边的新新旅馆不错，依山面湖，建筑高大洋气，而且设施完备，有汽车、汽油船、自划船、藤轿可供游人租用，另外娱乐设施也一应俱全。于是，他到新新旅馆找住所，由于当时正是一年中生意最好的时候，新新旅馆只剩下两间较差的房间，他觉得不满意，就到其他旅馆去找，而其他旅馆都已住满了香客，他又返回新新旅馆，没想到那两间客房也被游客租了去。无奈之下，他只得在车子里过夜了。《西湖游览指南》中对其这样记载："建筑精美，风景天然。饮食一项，兼具中西。游湖者居此为适，西人尤乐之。更备有游山之藤舆、泛湖之瓜艇，意兴所至，悠往咸宜……"据幕府时期的日本人所写的中国游记，新新饭店也是最早、最受欢迎的日本游客下榻之地。

与环湖其他旅馆相比，新新旅馆在多年的历史沧桑中传承至今，尤为难得，它在自身不断发展的同时，也见证着环湖旅馆群的兴衰往事。

赞曰：来客东风引蝶游，新新草色又相酬。
卧窗闲对西湖看，不羡昆山十二楼。

第二章

孤云、秋水与
旧庄、新厦

/ 何积藩（1887 年—1968 年），浙江鄞县人。

早年就学于上海圣约翰教会学校，上海最早华商的百货西洋庄——列丰行的创始者

何庄，新新嘉名初立

19 世纪 80 年代初，在上海闹市区的百老汇路上，曾经有一家英文名为“Ching Fong”，老百姓称之为“何家铺子”的著名商号，该商号专营呢绒洋杂货。老板姓何，名葆龄，浙江鄞县人。因为该商号乃是何葆龄在其父开设的“何锦丰西服店”基础上发展而来的，故该商号又称“何锦丰洋广杂货号”。

由于何葆龄善于经营，在继承父业的短短几年内，生意越做越红火，1896 年后便陆续在上海南京路上开设何瑞丰、何保丰、何兆丰、何怡丰、何衡丰，在宁波也开设了何乾丰等店号，两地大大小小的店号共达十余家

之多。这些商店出售呢绒、花色布、汗衫、手帕、洋伞、领带、硬领等西洋杂货，每家店号的资本金自白银五千两到一万两不等。

对于当时正值“西风东渐”的中国来说，购置洋货是一种时尚和潮流，因此何家企业发展十分迅速，从最初一个资本仅数百两的小店迅速发展成为一个每年零售额达二三十万两的大企业。到第一次世界大战前，何家企业已成为行业内分店设立最多、资本积累最快的大型零售商店。然而，何家能留给后人回味的不仅仅是其财富积累的速度，其独特的富有开创性的经营思路至今被人称道。据《上海名街志 • 上海商业之最》记载，“何家企业”是上海最早的“连锁”企业；何葆龄之子何积藩于1906年开设的“列丰行” 也是上海最早的一家华商百货西洋庄，这是一家直接向外国工厂订购洋百货的店号，其订购的洋货除传统的日用杂货外，还有为一些大工厂代购的钢料、型钢等生产物资。由此可见“何家企业”的雄厚实力以及老板在经营上的魄力。

生意场上的成功，财富的积累，也使得何葆龄开始寻觅一处能在工作之余休憩身心、养精蓄锐的“休闲场所”。于是，他便把目光投向了“上海的后花园”——杭州，投向了背山面湖、风景绝佳的里西湖。于是，他在发迹之后便开始在西湖葛岭之麓、现新新饭店何庄旧址上购地建房。他购得土地四五亩，陆续建成了中式、西式砖木结构的楼屋共三幢。其中主楼为假三层三开间的西式坡顶红砖楼屋，共有十来个房间，建筑面积约五百多平方米。何庄建成后主要为何家在春秋佳日“度假、静心、休闲”之用，不来长住，时常空关着。

宣统元年（1909年），沪杭铁路竣工通车，往返沪杭的旅客日益增多，杭州成为上海名副其实的“后花园”。在这列穿梭于沪杭之间的火车上，一个二十多岁的青年正和他的两个朋友不亦乐乎地经营着餐车的生意，他姓董，字宸辅，又名锡赓，祖籍宁波镇海。这个精明的年轻人从旅客就餐时经常询问去杭州投宿旅馆的情况中发现了一个很好的商机——在杭州开

/ 民国初年的何庄依山傍湖、楼阁耸立，“新新旅馆”的中英文店招清晰可见

/ 民国初年的孤云草舍（西端第一处高楼）与何庄（孤云草舍东侧第一处楼屋）

/ 1920 年前后，何家在上海家宅前拍摄的全家照。

中央为何宏榆（葆龄），边上抱小孩者为何葆龄妻邱氏，后排右一为何积藩，左一为何积藩妻李慧信

设旅馆。

于是他将这个创业的愿望与好友何积藩畅谈，同为意气风发的壮志少年，加之何董两家本系世交，这两个年轻人很快就达成“意向”——于 1909 年在西湖北山的何庄大宅开展接待游客的旅馆经营业务。1913 年，北山街 64 号一家中文名为“新新旅馆”、英文名为“THE NEW HOTEL”的旅馆悄然现身在葛岭山麓、里西湖畔。

对于这家新生的旅馆，董锡赓显然倾注了其美好的期待，他取《礼记·大学》中的名句“苟日新，日日新，又日新”之深远寓意，将旅馆命名为“新新旅馆”，既向顾客表达了自己的旅馆日日保持干净、整洁的“服

/ 董锡赓(1887年—1966年)，宁波镇海人，
新新旅馆开创者，此照摄于1916年

/ 民国时期的新新旅馆“导游词”

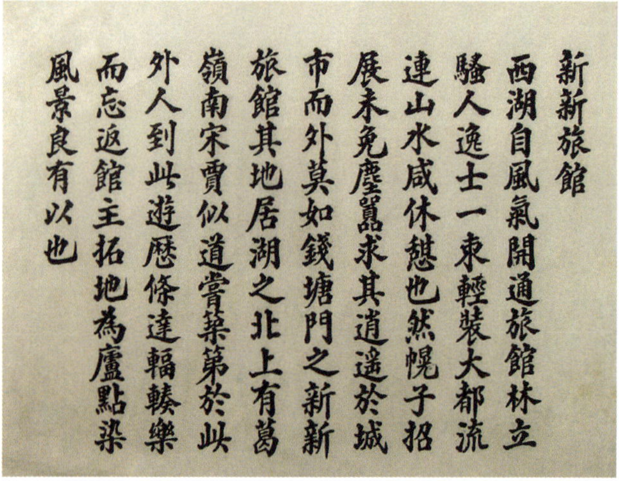

新新旅館

西湖自風氣開通旅館林立騷人逸士一束輕裝大都流連山水咸休憩也然幌子招展未免塵囂求其道遥於城市而外莫如錢塘門之新新旅館其地居湖之北上有葛嶺南宋賈似道嘗築第於此外人到此遊歷條達輻輳樂而忘返館主拓地為廬點染風景良有以也

/ 1948 年，乔治 · 伯德所著的《杭州》一书中有关新新旅馆的介绍

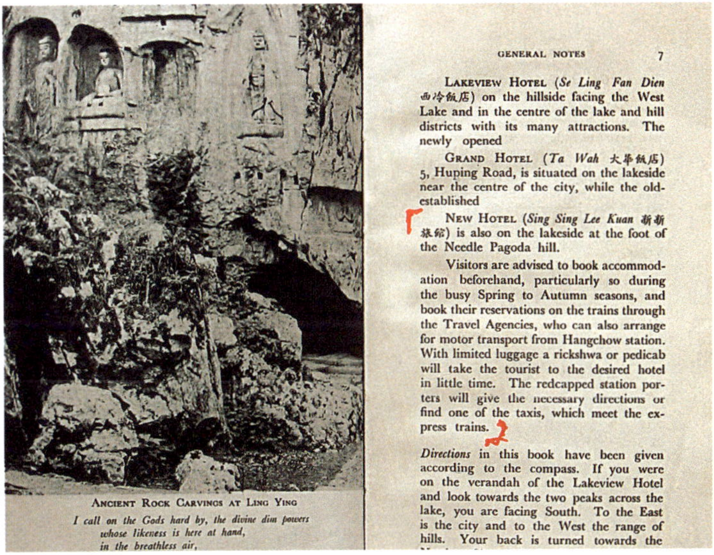

ANCIENT ROCK CARVINGS AT LING YING

I call on the Gods hard by, the divine dim powers whose likeness is here at hand, in the breathless air,

GENERAL NOTES 7

LAKEVIEW HOTEL (*Se Ling Fan Dien* 西泠飯店) on the hillside facing the West Lake and in the centre of the lake and hill districts with its many attractions. The newly opened

GRAND HOTEL (*Ta Wah* 大華飯店) 5, Huping Road, is situated on the lakeside near the centre of the city, while the old-established

NEW HOTEL (*Sing Sing Lee Kuan* 新新旅館) is also on the lakeside at the foot of the Needle Pagoda hill.

Visitors are advised to book accommodation beforehand, particularly so during the busy Spring to Autumn seasons, and book their reservations on the trains through the Travel Agencies, who can also arrange for motor transport from Hangchow station. With limited luggage a rickshwa or pedicab will take the tourist to the desired hotel in little time. The redcapped station porters will give the necessary directions or find one of the taxis, which meet the express trains.

Directions in this book have been given according to the compass. If you were on the verandah of the Lakeview Hotel and look towards the two peaks across the lake, you are facing South. To the East is the city and to the West the range of hills. Your back is turned towards the

务理念”，又蕴涵着他对新社会、新事业的全新期待。

新新旅馆开业不久，由于面临西湖得天独厚的极佳地理位置，旅客盈门，春秋两季更是经常客满。董锡赓觉得游客自远方来不能拒之门外，便想方设法找附近庄子临时借用，以解旅客住宿之急，其热情服务，旅客为之动容，生意出奇地好，因此他在何庄后院赶建了一排楼房添作客舍。

董锡赓的生意可谓越做越红火。渐渐地，一幅全新的蓝图也开始在他的心中绘成，后来在众多旅客和亲朋好友的支持下，经过深思熟虑的他，决心倾囊所有，并集资购置傍依何庄右侧的一块空地，于 1922 年独资自建起一座迎合新时代的高楼大厦——新新旅馆新楼（现为新新饭店董庄），这也标志着他的旅馆生意登上了一个新的台阶。

如今，新新饭店的开创之地——何庄，已于1978年建新新饭店何庄时被改建，于是这处见证新新旅馆诞生的建筑也渐渐淡出人们的视线，被人们所遗忘。所幸的是，建于1922年的新新旅馆新楼风貌犹存，让人回味无穷。

从“何庄”变而为“新新”，不止是一家饭店的变迁，而且是从古典中国向近代中国变迁的一个缩影，背景是一个圣约翰的学生，一个宁波的商人。

赞曰：新新前世谓何庄，宾主从然即会商。
经贯东西生意术，百年大店呈雄强。

倾力筑新厦，千金成画楼

自 1913 年在里西湖创办新新旅馆以来，宁波镇海人董锡赓仁慈的个性、和谐的为人，加之乐于助人的善良人品和灵活善变的经商头脑，使得新新旅馆的生意日益红火，常常出现旅客盈门等待床位的状况。为了克服这样的困难，董锡赓总是想方设法去附近庄子借用房子，以解旅客住宿之急，并在何庄后院赶建了一排楼房添为客房。但这些措施随着旅客的增多仍难解燃眉之急，不能从根本上解决问题，仍有一部分客源流失。

为了改变这种状况，同时也为了适应杭州旅游业兴旺发展的新形势，董锡赓经过反复考虑，权衡利弊，最后在众多旅客和亲朋好友的支持下，决心倾其所有，并集资购置傍依何庄西侧的一块空地，邀请名师设计，自建一座迎合新时代的高楼大厦。正是这个大胆的举动使得新新旅馆一举跻身为杭州旅馆业“最优等”之列，也使得旅游天堂杭州西湖多了一座真正意义上的现代旅馆。

1922 年，这幢由上海著名设计师和营造商精心“打造”的豪华旅馆亮相西湖，引起了不小的轰动。新新旅馆新楼占地面积 1.604 亩，建筑面积 2685.9 平方米，有大小房间九十二个。别致的建筑风格分属于古罗马科林斯式建筑。这座西式大楼地上有五层，地下有一层（地下室作为高级酒窖），可称六层高楼。顶层阳台还有两座红色圆顶的西洋亭子，左右对称且极富装饰性，新楼从形式到内容都称得上是旧中国最豪华的旅馆之一，开业注册时的资本金是九千大洋。

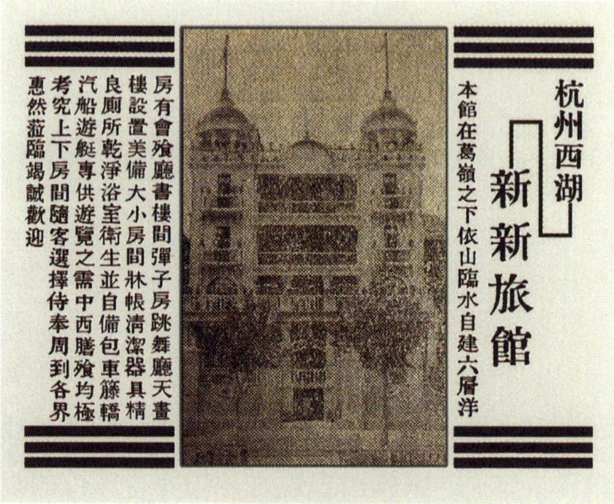

当年，新新旅馆内设有西餐厅、书楼间、弹子房、跳舞厅、露天电影场等，顶层是舞厅酒吧。为了服务客人，旅馆同时有自备的包车、轿子、游船等。当然，价格也在西湖的高档旅馆中位居前列，每天达九至十元。因新新旅馆的诸多新招，所以在 1929 年举办西湖博览会时，新新旅馆是组织者指定的唯一的一家接待外宾的宾舍——迎宾馆。

新中国成立后，新新旅馆与一旁的孤云草舍成为中共浙江省委组织部的招待处，不久更名为“浙江省人民政府第四招待所”或称“新新招待所”。1978 年又更名为“杭州新新饭店”。2000 年，新新旅馆（现饭店董庄）和孤云草舍（现饭店孤云草舍）被杭州市人民政府确定为“杭州市市级文物保护单位”。2005 年又被浙江省人民政府确定为“浙江省省级文物保护单位”。饭店也由此成为杭州市乃至浙江省唯一的一家“文物旅馆”。

赞曰：一掷千金为画楼，楼成红顶出江头。
惊鸿风采如希腊，引得名流作慕游。

/ 惊鸿一瞥，建于 1922 年的新新旅馆大楼亮丽如初

草舍今古绕孤云

1912年，辛亥革命后的第二年，西湖北山街的69号、70号（又称里西湖45号），矗立起了一幢以其宏大的体积、别致的式样和幽雅的环境而著称于湖上的标志性建筑。

这幢体量庞大的西式别墅，三层三开间，高大阶石，拱形门窗，红瓦圆顶，铸铁栏杆，线条流畅，构筑精致，是典型的欧洲古罗马建筑风格。尤其是这幢洋房的古典柱式，为西湖近代建筑所少见。石质、砖质梁柱的柱檐、柱身、柱头、柱础装饰华丽，特点鲜明，极具建筑艺术价值，也决定了此幢建筑物与众不同的古典风格。而它的名字却是中式的典型，曰“孤云草舍”。这是因为它斜对面的孤山上，原敬一书院的墙壁中嵌有“孤山一片云”五字石刻，故名。建筑是洋为中用，名字是中为洋用，真可谓中西合璧。中国建筑与园林讲究借景，与其说“孤云草舍”是借了孤山的景，不如说，孤山其实也借了孤云草舍的人气与烟火气。

孤云草舍位于西湖葛岭南麓，坐北朝南，依山面湖，四周有镜湖厅、招贤寺、秋水山庄、何庄、林社、智果禅寺、空谷传声等景观。此楼占地面积2.665亩，建筑面积1148平方米，有房四十六间，另有附属用房多间。在楼前，除了用石碑“孤云草舍”作为界石外，还在铸铁栏杆上巧妙地将“孤云草舍”字样浇铸成图案花饰，作为这幢房子的“印记”。孤云草舍的主人是吴兴（今湖州）富商刘湖涵。刘湖涵乃湖州南浔“四象”之首刘镛（字贯经）的第四子，湖州南浔小莲庄主人刘锦藻的同父异母弟弟。刘

/ 孤云草舍界碑——沧桑百年的见证

/ 孤云草舍屋顶

湖涵堂号“景德”。他善于经营，且极为热心。

当时，达官贵人纷纷在西湖圈地筑屋，葛岭南麓、里西湖畔的北山街一带尤甚。其中就有吴兴南浔人氏置办的“绿柔湖舍”“留余草堂”“坚匏别墅”和“孤云草舍”等。后来，刘湖涵常住上海，便将孤云草舍转借给了他的吴兴同乡朱家骅使用。

朱家骅，字骝先，辛亥革命中曾参加“中国敢死队”，担任驻汉口代表，后留学德国，获博士学位。回国后，任北京大学地质系教授兼德文系主任。1925 年，他曾参与北京学生声援“五卅”运动等爱国活动，后被北洋军政府通缉，逃回浙江。此后，转入政界的朱家骅官运亨通，青云直上，成为蒋介石的亲信，先后担任过浙江省民政厅长、国民政府教育部长、交通部长、中央研究院代理院长等职。1936 年冬，朱家骅调任浙江省政府主席，主持浙政。其时，依山面湖的孤云草舍便成了主席官邸，车水马龙，络绎不绝，失去了往日的宁静。1936 年 12 月 12 日，震惊中外的西安事变爆发。事平后，蒋介石的“文胆”、侍从室第二处主任陈布雷在挚友朱家骅的照顾下，于孤云草舍隔壁的新新旅馆替蒋捉笔，“精心构思”了那篇著名的《西安半月记》。及至抗战爆发，孤云草舍又成为浙江省政治军事经济文化的中心场所，浙江省政府的许多重要会议都在此举行，许多重要的决策也由此产生。

新中国成立后，孤云草舍收归国有，与附近的几幢庄园别墅、著名旅舍合并改建为新新饭店，但人们惯称其为孤云草舍。眼下，孤云草舍这幢保存完好的西洋“老房子”，以它那巨大的回廊、高耸的穹顶、昂然的楼宇涵盖了以往的时空和人事，成为了西湖近代历史的实物见证。

赞曰：草舍非贫但妙成，中西风味各相盈。
孤山云脚移楼上，唤取孤云草舍名。

/ 孤云草舍的主人：刘镛四子刘湖涵

/ 孤云草舍一度成为朱家骅的官邸

蒙泉心法，净土招贤

“南朝四百八十寺，多少楼台烟雨中。”西子湖畔、北山街上，坐落着相当数量的名寺古刹，招贤寺正是其中一座。

背靠葛岭、面临西湖，安顿于湖光山色中的招贤寺尤为文人雅士所青睐，得以见证一件件文化逸事。招贤寺初建于唐德宗年间，《湖山便览》记载：“郡人吴元卿为六官使弃职，参鸟窠禅僧，建庵修道。”唐长庆年间，白居易任杭州刺史时，往此庵探访，在此地发现了一株山花，并为其题诗：“何年植向仙坛上，早晚移栽到梵家。虽在人间人不识，与君名作紫阳花。”诗前加一小序曰：“招贤寺有山花一株，无人知名，色紫气香，芳丽可爱，颇类仙种，因以紫阳花名之。”《紫阳花》诗出百年后，五代后晋的吴越王钱弘佐将这处原本的小小草庵改建成了一座古朴端庄的佛寺，原额“招贤”。宋熙宁时，苏轼知杭州，他循乐天紫阳诗而来，在招贤寺题下“蒙泉”二字。《周易》蒙卦有言：“山下出泉，蒙。”意为君子之力量如泉水般，源源不断地涌出。尽管寺内的紫阳花与苏子墨宝都已不存，但从建筑旧址和传闻故事中，我们仍可想见两位诗人的风神与雅趣。

招贤寺在元末不幸遭毁，直至清康熙十五年始由僧人起纲募化重建，改名清隐庵，后复旧名。清光绪十六年，有寺邻闲地庵住持信本，请普陀皓月禅师为中兴招贤寺住持，信本兼有资助，拓兴院宇。当时闻缅甸古国出玉佛，有法师前去请佛，1901 年 7 月 15 日，杭州第一尊玉佛抵达招贤寺，即日供奉玉佛于招贤寺内殿。因此，该寺又得名“玉佛寺”。

1918 年，招贤寺再度重修，占地面积 3.724 亩，房屋 38 间，计有大殿一座，二层楼房和平房各一座。1929 年，西湖博览会期间，招贤寺曾被辟为“交通部临时电信所”。解放初期，招贤寺一度由省委党校使用，1956 年又由省机关事务管理局安排使用。

步入近代，招贤寺仍然吸引着众多文化名人驻足停留，弘伞、弘一两位名僧均与招贤寺有着不解之缘。招贤寺是弘伞的常住之所，故其自号“招贤老人”，弘一曾在致杨白民的信中说：“弘伞师住持招贤寺，整理规画，极为完善。西湖诸寺，当以是间首屈一指矣。”1926 年 3 月 16 日，弘一法师返杭，也入住招贤寺。弘一居寺期间，丰子恺、夏丏尊、李石曾等皆曾来此拜访，却默默遵守“白日谢客”的规定。李叔同缘何白天不见客呢？从当时李叔同写给蔡冠洛的信中，我们可以获得答案。请看：近与弘伞法师发愿重厘会、修补、校点《华严疏钞》，弘伞法师自愿担任外护，并排版流布之事；朽人一身任“厘会”“修补”“校点”诸务，期以二十年卒业。

原来，弘一法师早就有重新整理佛经大著《华严疏钞》的念头，因为当时流行的《华严疏钞》，“多有节略的地方，文义不相衔接的也不少，还有因当时校对不能精细，讹字夺文也不能免”。所以，当弘一法师入住招贤寺不久，便与弘伞法师共同商量重新整理《华严疏钞》的大事。当这个计划用20年时间来完成的大工程在北山街旁的招贤寺内开工后，相任厘会。“修补”“校点”诸务的李叔同在白天自然就没有时间会客了。

1942年10月13日，李叔同在福建泉州去世。10月20日遗体火化。历来传闻一种说法，即1948年，旅居菲律宾的华侨刘胜觉居士将弘一法师的部分灵骨从泉州运至上海。后来，由刘质平、林子青陪送到杭州西子湖畔的招贤寺。此后，由招贤寺主持弘伞法师负责保管弘一法师的灵骨。这样，灵骨就一直供奉在招贤寺内。过了一年多以后，弘一法师的灵骨才送往他的出家地——虎跑寺安葬。而弘一法师寄身过的这一栖净土，似乎仍保有当初点点檀香，招引澄澈贤良前来寻访。

后来，招贤寺又经过了多次整改和提升，越来越多的人前来瞻仰此地遗迹，传唱着一个个充满禅意或是历史沧桑的故事。如今，招贤寺已成为新新饭店的重要组成部分，与新新一同见证着西子湖畔的过去、现在与未来。

赞曰：翠山遥对佛头金，上界虚闻暮鼓沉。

欲解大乘出世法，但招贤俊起灵心。

湖上秋水，梦里怡红

最初看到这座两层三开间的房子时，简直有“惊鸿一瞥”的感觉，太美了。房子位于西湖区北山街，背倚葛岭，濒临西湖而筑，是 20 世纪 30 年代初极具民族特色又兼具西式风格的优秀民宅之一，故在有关档案中将它定性为“改良中式”。

美感源于整个立面，在造型、选材和色彩上别具匠心又无比和谐。四根青石柱子竖立门旁，贯通天地；雕花石栏横于阳台，串联左右；隐格花窗点缀楼面， 古色古香；红白双色搭配和谐，夺人眼目；再配上清水砖砌的花窗围墙，高大轩敞的铸铁门楼和“秋水山庄”的名家题匾，构成了一幅绝妙的“立体的画”。

尤其值得称道的是小楼的细部处理，它的柱子与中国传统建筑中的圆形柱子不同，它们是方形的，而且并不粗壮，相反显得有些纤细。这种纤细正与细巧的白色栏杆相配。栏杆的取材十分简单，仅为水泥和钢筋，外表涂了一层白色涂料。栏杆的几何图案又与青石柱头上白色带有吉祥意味的装饰花边相呼应。

二楼的朱红色花窗则是整个立面最富有民族特色的地方，也是最美的细部。传统花窗的出现主要是为了防止糊在窗上的纸被吹破，图案有花卉、喜鹊、八仙过海等。而这幢房子的花窗虽沿用了传统花窗的样式，但图案很抽象，只用了一些搭配合理的大小长格子。这又与栏杆、青石柱装饰花边的风格相统一。花窗最美妙的是它的漏影，想象夕阳西下时，金色

的阳光透过花窗照进来，留下斑驳迷离的影子，独自在屋里晃动。

如果孤云草舍如一位儒雅的西装男士，怡红院就是一位端庄秀美的淑女。

1932年3月2日，上海报业巨子史量才及其妻沈秋水从闲地庵（即静观堂）住持净轮法师那里租得北山街（原静江路）77号闲地庵（即静观堂）空闲基地3.605亩，产权为七十年。第二年，史氏夫妇仿造《红楼梦》中“怡红院”的格局，兴建了包括房屋、花园、围墙、假山、水池在内的秋水山庄。其中建筑面积359平方米，有楼屋七间，平屋十六间。

秋水山庄的整个花园显得小巧精致，加之四周植有花草树木，置有亭台廊棚，叠有假山石洞，挖有曲池鱼塘，并以鹅卵石或磨石子的过道贯穿全院。清幽雅逸之感油然而生。此地远可眺白堤桃柳、湖光山色，近可观葛岭霞晖、风花雪月，耳可闻放鹤亭空谷传声，目可睹闲地庵木鱼撞钟，实在是一处生态绝佳的理想居所。

楼主史量才热爱杭州，眷恋西湖。他早年曾在林启创办的金沙港杭州蚕学馆就读多年。转入《申报》后，他为杭州读者办了《申报》杭州专刊，将唯一的儿子史咏赓送到钱塘江边的之江大学深造，还以爱妻沈秋水的名义构筑了秋水山庄这一道建筑风景线。

史氏夫妇经常相偕来山庄憩息。史量才在山庄远眺湖山，曾吟成七律一首：“晴光旷渺绝尘埃，丽日封窗晓梦回。禽语泉声通性命，湖光岚翠绕楼台。山中岁月无今古，世外风烟空往来。案上横琴温旧课，卷帘人对牡丹开。” 夫唱妇随，多才多艺的沈秋水当即抚琴谱曲，指下流淌出名为《秋水山庄》的悠扬乐曲，久久萦绕于青山绿水之间……

不幸的是，此曲竟成绝唱。几天后，史量才由秋水山庄返沪途中在海宁翁家埠惨遭军统特务暗杀。

侥幸逃脱的沈秋水悲痛欲绝，但却深明大义，她将秋水山庄这一丈夫的信物捐赠于社会，改建成杭州尚贤妇孺医院，作为热衷于社会公益事

/ 横跨北里湖的西湖博览会桥，桥的北端即是著名的秋水山庄

/ 20 世纪 30 年代初，史量才与《申报》总经理马荫良（左）在龙井寺合影

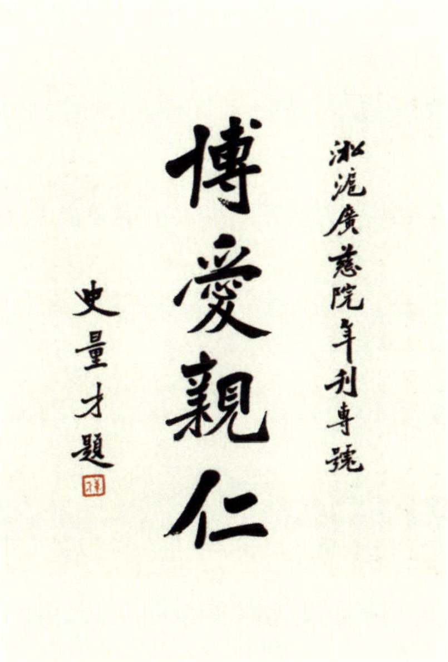
淞滬廣慈院年刊專號
博愛親仁
史量才題

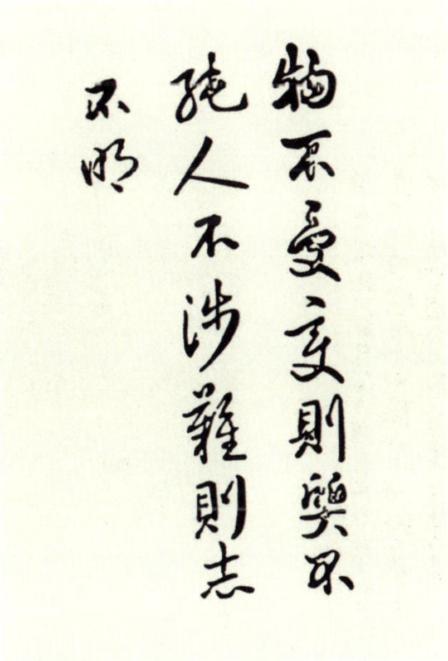
物不受變則器不
施人不涉難則志
不明

/ 1932 年 3 月 2 日，闲地庵住持净轮法师租地给史量才的协议，中间人为海上闻人王晓籁

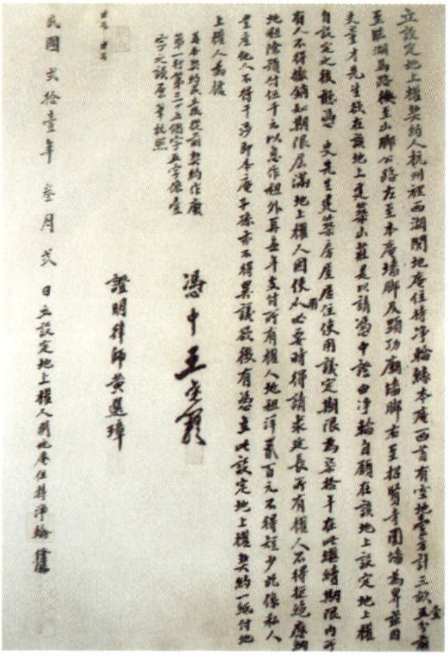
立設定地上權契約人杭州西湖閑地庵住持淨輪

憑中 王曉籟

證明律師 黃

民國貳拾壹年叁月貳日 立設定地上權人閑地庵住持淨輪

/ 新新旅馆经理董锡赓为秋山水庄主人史量才之妻沈秋水所作保证书

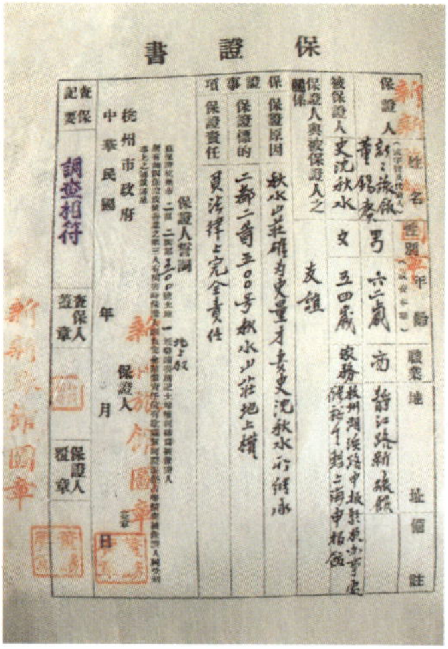
保證書

保證人 新新旅館 董錫賡 男 六二歲 商 靜江路新新旅館

被保證人 史沈秋水 女 五四歲 家務

保證人與被保證人之關係 友誼

保證事項 保證原因 秋水山莊確為史量才妻史沈秋水所繼承

保證標的 二都二啚五〇〇號秋水山莊地上權

保證責任 負法律上完全責任

保證人誓詞

杭州市政府

中華民國 年 月 日

保證人

查保記要 調查相符

/ 1951 年 1 月 29 日，沈秋水转让秋水山庄给上海市总工会的协议

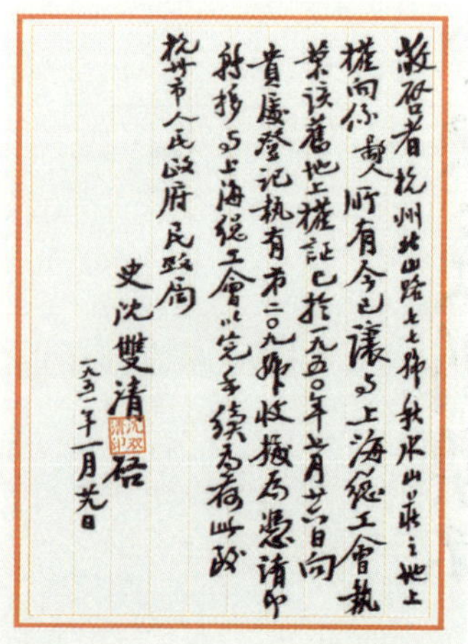
敬啟者：杭州北山路七七號秋水山莊之地上權向係鄙人所有，今已讓與上海總工會執業，該舊地上權證已於一九五〇年六月廿日向貴處登記，執有市二〇九號收據，為懇請即轉移與上海總工會以完手續為禱。此致

杭州市人民政府民政局

史沈雙清 啓

一九五一年一月廿九日

/ 秋水山庄的房地所有权登记申请书

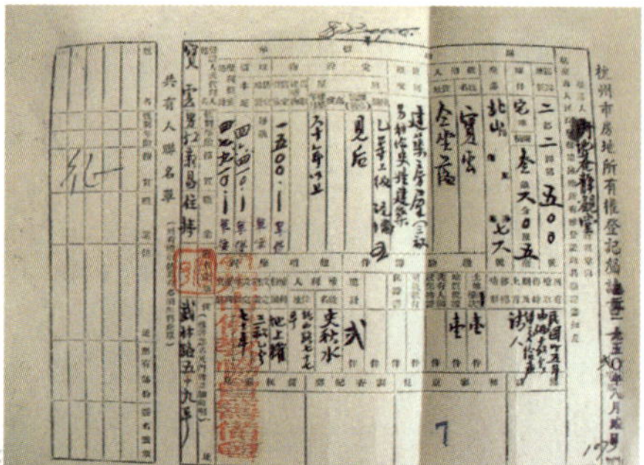

业的丈夫在天之灵的一个回赠。而她自己却在上海陕西北路175弄173号内择一斗室另住，吃斋念佛，直到去世。

新中国成立后，秋水山庄于1951年出让给上海市总工会作为疗养所，后曾一度更名为“西子楼”。1990年，此楼恢复了秋水山庄的原名，近来又按原式样修缮一新，作为新新饭店的一个独立部分接待八方游客。

赞曰：琴山泻玉转红廊，小石封苔月觅窗。

　　　十四柱前花上鸟，飞飞衔碧到泉央。

何庄新颜渐换，看取山色湖光

新新饭店何庄是在原何庄老楼的基础上于 20 世纪 80 年代初兴建的，经过 1995 年和 2006 年的两次修缮，现在的何庄呈现出古今交融、中西合璧的风格，是一幢现代酒店功能与近代建筑外观完美结合的饭店建筑，为七层五开间，建筑面积 4269 平方米。近看，何庄的建筑结构和建筑形态现代气息十足；远观，何庄“神似”北山街的其他近代建筑，又像是一座古城堡，与宝石山浑然一体，成为北山街的一大景观。

何庄的由来还有一段曲折的故事……据王大土、张学勤先生回忆：20 世纪 70 年代后期，党和国家将工作重点转为以经济建设为中心。当时，作为国家严格控制的饭店（宾馆）业，就显得十分紧缺，如想入住新新饭店，除县团级以上的领导可直接由饭店接待外，其余宾客要有省政府接待处的介绍信，方可入住。即便如此，还经常有到省委、省政府办事的干部找不到住处。为此，经省委、省政府主要领导同意，1978 年将饭店董庄东边的一座集客房、餐厅、总机房、行政办公于一体的二层砖木结构房屋（即那座最早的新新旅馆）及周边杂乱建筑拆除，重新建造一幢高楼。原规划设计该楼为十一层，并已浇筑好楼房基础，订购了十一层电梯。因当时有一些专家提出此楼建筑过高，从西南往东北向看，会与保俶塔争高低，破坏景观，经多方论证，最后退掉了电梯，实建七层。1980 年建成后正式投入使用，当时为杭城最早拥有中央空调、闭路电视、消控报警系统等现代设施的饭店。开业之初，就迎来了参加全国第一届电影金鸡奖的文艺界名流，使饭店名声大增，入住客和参观者络绎不绝。但由于其建筑外立面采用了现代建筑造型，与一墙之隔的董庄及孤云草舍形成了明显的反差，在社会上引起了一些议论。

1995 年，新新饭店决定对何庄进行改造，改成一个怎样的建筑外立面又成了讨论的焦点。搞了二十个方案，开了十几次讨论会，因各方专家认识不一，仍未果。后由当时的省建设厅主要领导牵头主持，吸取各方专家意见，即：不追求单体建筑的亮丽，要修旧如旧，以董庄、孤云草舍为饭店的主体建筑风格，其他改造与之相协调的原则。最后在吸纳众家之长的基础上，形成了现在的建筑外立面。完工露“面”后，赢得许多关注西湖景观的专家学者的赞赏，也有专家在《杭州日报》上撰文，赞扬新新饭店何庄的改造，为旧楼改造与西湖景观相协调树立了一个榜样。

改造后的何庄不仅与景观相协调，得到了各界的认可，还将原闲置的七楼辟为杭城唯一可以独览西湖全景和城市风貌的“天画苑”餐厅。在“天画苑”，你可以真正领略到杭城湖光与山色一体的意境。1996 年，海协会会长汪道涵亲临“天画苑”后，欣然命笔“湖光山色”。

2006 年，新新饭店又对何庄的软件和硬件设施进行了改造。建筑色彩采用了杭州城市建筑色彩的主色调——灰色，顶层采用了北山街近代建筑常见的四坡屋顶，外立面则厚墙垂基、宽墙窄窗，斜坡陡面给人一种“似曾相识”的感觉，与北山街历史文化街区的主基调十分吻合，但又是具有独特建筑风格的特定“这一个”，不仅成为北山街这座“近代建筑博物馆”的一道亮丽的风景，更重要的是：何庄的改建小史，是人们开始懂得敬畏历史、尊重前人、珍爱自然的一个觉醒故事。把这个故事放在中国现代化的大历史中看，别有一番意味。

赞曰：保俶塔外看重楼，岁改沧桑楼改修。

天画苑前山水色，风舒翠美两悠悠。

1913
杭州新新飯店

州新新饭
1913餐厅

1913客厅
新新旅館

西子楼抱朴

西子楼，位于孤云草舍的北面，葛岭路南面，是一幢三层钢筋混凝土结构的呈条状分布的楼房，面积约 750 平方米，与新新饭店其他的建筑相比，它显得朴实、简洁而实用。

与何庄一样，西子楼也是浙江省委、省政府为了解决往来干部住宿紧张问题而兴建的。西子楼建于 1979 年，设有客房数十间，客房的设施设备均按当时较高的标准配置，可以说在当时西子楼是新新饭店所有建筑中最“年轻”的，因此刚建成的西子楼，自然也“分担”了诸多接待任务，许多浙江省政府的领导和干部也曾下榻此楼。

40 多年来，虽然西子楼的外立面还未进行过大规模改动，但其内部客房的设施设备已经有了大幅度的更新。如今西子楼客房内均按照现代商务休闲饭店的要求配置了一系列先进的设施设备，设有花园套房和家庭套房共 6 间，入住西子楼的顾客在欣赏湖光山色的同时，还可以体验到饭店的舒适与温馨。

赞曰：世人皆爱风流客，不见新邻抱朴翁。
若待几多兴替后，令名藉蕴瓦尘中。

第三章

山重水远的爱恨悲欣

胡适山中寂寞种相思

西湖在胡适的眼里，是“可爱”而难以“离别”的，尤其是他与“娟”在北山新新旅馆和南山烟霞洞燃起一段恋情之后。1923 年，胡适与曹诚英在西子湖畔的那段浪漫恋情，迄今已是一个为人们所熟悉的故事了。这段恋情，除了烟霞洞，新新旅馆也是见证者。

1922 年，胡适患病，脚肿痛且不能安眠。医生意见不一，难以确诊。是年底，胡适向北京大学请了一年病假。他请假时对大学依依不舍，请假后则“颇有意永远脱离教书生活，永远作书的事业”。次年春天，胡适南下养病，4 月底来到西湖。

一到西湖，便如同游子归乡，旧爱新情涌上心头，胡适当下挥毫书写《西湖》一首，曰：

十七年梦想的西湖，
不能医我的病，
反使我病的更加厉害了！
然而西湖毕竟可爱，
轻烟笼着，月光照着，
我的心也跟着湖光微荡了。

前天，伊却未免太绚烂了！
我们只好在船篷阴处偷窥着，
不敢正看伊了。

最好是密云不雨的昨日：
近山都变成了远山了，
山头的云雾慢腾腾地卷上去。

我没有气力去爬山，
只能天天在小船上荡来荡去，
静瞧那湖山诸峰从容地移前退后。

听了许多毁谤伊的话而来，
这回来了，只觉得伊更可爱，
因而不舍得匆匆就离别了。

字里行间，抒发着作者对西湖的热切与爱恋。然而，促使他在西湖一住五个多月的真正原因，则是他与知识伴侣一段“私下感怀”式的婚外恋情。而这段恋情的女主人公就是曹诚英。

/ 1923 年 9 月 28 日，胡适（左一）与曹诚英（左三）、徐志摩（左四）、陶行知（左六）等在海宁观潮

/ 20 世纪 20 年代，胡适与高梦旦（左一）、郑振铎（左二）及曹诚英在西湖合影

曹诚英（1902 年—1973 年），字佩声，小名娟，是胡适三嫂的妹妹，在胡适与江冬秀结婚时，曹诚英时年十五，充当新人的女傧相，给胡适留下了不可磨灭的印象。娟亦亲昵地称呼胡适为“糜哥”。

曹诚英受“五四”时代精神的影响，是一位多才而具叛逆精神的女性，对胡适十分崇敬，时有书信相通。1920 年，曹诚英来杭州女子师范读书。她虽生在富有之家，但其生活和婚姻却很不幸。

1923 年 4 月 29 日，胡适利用在上海参加会议的休会时间，乘夜车到了杭州，住在新新旅馆。由于新新旅馆设施齐备，服务周到，依山面湖，环境清幽，从房间向外望去，西湖美景尽收眼底，这位才子住得好生惬意。其间，他邀请在杭州的曹诚英、汪静之等人同游西湖，共赏美景。渐渐地，胡适与曹诚英的关系发生了微妙的变化。两人时相往来，结伴进出，感情升温。爱情的力量，驱使他频频投向“西湖”的怀抱，“西湖”也频频向他召唤。此时，他写下了这样的诗句：“这回来了，只觉得伊更可爱，因而不舍得匆匆就离别了。” 显然，胡适的这次西湖之旅是他们两个人之间感情的转折点。

过了一个月，也就是 6 月 8 日，胡适又从上海来到杭州。他还是住新新旅馆，仍与“娟”频繁往来。一天，胡适到烟霞洞游玩，发现那里地僻景秀，是恋人幽会的佳境。新新旅馆虽好，但毕竟游客众多，长此以往，必定会引起人们的注意。因此他决定从新新旅馆转移到烟霞洞来住一段时间。从 6 月 23 日入住到 10 月 4 日离开，他一住就是三个多月。从而也和曹诚英演绎了一段私密的浪漫爱情。从 9 月 13 日到 10 月 4 日的日记里，胡适每天都记载了他和曹诚英形影不离的情形，他们一起游湖、爬山、下棋、观花、赏月，过起了神仙般的生活。如果日记略嫌简单的话，那么胡适的白话诗就将他与曹诚英的热烈感情抒发得淋漓尽致：

自从南高峰上那夜以后，

五个月不曾经验这样神秘的境界了。
月光浸没着孤寂的我，
湿润了我孤寂的心……
多谢你能来，
慰我山中寂寞，
伴我看山看月，
过神仙生活。
匆匆离别便经年，
梦里总相忆。
人道应该忘了，
我如何忘得。

胡适此时的精神状态特别健旺，曹取代了他心目中“女神”的地位。胡适在杭城期间，不仅与“娟”单独幽度，而且带着她与自己的友人共游胜景。在徐志摩的精心安排下，胡适偕同曹诚英与几位相知好友在农历八月十八到海宁盐官观潮。那天胡适特别兴奋，大家有说有笑，度过了难忘的一天。10月4日，胡适与曹诚英依依不舍地离开了烟霞洞这块福地洞天，结束了他们一百余天的幸福生活。这段刻骨铭心的感情让胡适久久难以忘怀。于是，已在上海的胡适于10月19日仍从上海转回杭州，又在他与“娟”的感情升温处新新旅馆住了半个月。到了周末，他大胆地把曹诚英从学校约了出来，在新新旅馆相会，这次他也顾不得什么避讳了。这样他们又度过了一个愉快的周末。到了周一，胡适仍舍不得曹诚英走，于是借口去拜访校长，一起回学校。然后，又把她带出去玩到周二晚上。由于时间太晚，学校回不去了，他们就同回新新旅馆……

10月30日，胡适终于带着无限的愁绪在日记中说：“今天离去杭州，重来不知何日，未免有离别之感。”不久，他俩的恋情为胡适的妻子江冬秀所知，并引起一场风波，社会上也传得沸沸扬扬。但是胡适与曹诚英依然藕断丝连，常相往来。曹在给胡的信中大胆吐露了自己的激情：“在这里让我喊一声亲爱的……我爱你，刻骨地爱你。我回家以后，仍像现在一样爱你，请你放心。”

胡适对此“伤感”，却难偿这笔情债，负疚终身，像空谷传响的回声一样，永远摇漾在心间。

也许，不止是爱情，对于胡适来说，他对于现代中国的深情厚意，也只能如空谷传响一样，永远摇漾在心间。

赞曰：曾经春水寄相思，万种柔情已不支。
寥落风烟殊此后，伤心人渐减迷痴。

霎时寻访忆昔，故人秋水情长

那些年，曾有一段惊世情缘，西子湖畔，琴瑟和鸣，却因几声枪响戛然而止，而那情爱的见证，至今仍立于西湖边，背倚葛岭，静观岁月而去。

那是秋水山庄，民国报业巨子——《申报》掌舵人史量才与爱侣沈秋水的居所。

曾有人对我说，住在杭州，最宜选择新新饭店，一来是民国老字号，二来有秋水山庄陪伴。后来专程去北山路寻访，一路都是西湖景致，路旁建筑大多经过还原改造，修旧如旧，已成为新新饭店一部分，充当客房之用的秋水山庄也不例外，静静立在原处。

我去寻访那日，前面斑驳沧桑的大铁门紧闭，只能从后门进去，不知平时是否也如此。前门临近西湖，游人如织，可绕到后门，便静寂清冷。

秋水山庄建于 20 世纪 30 年代初，共计两层。据说，当年史量才兴建爱巢时，参照物是《红楼梦》中的怡红院，造型和选材均花了心思。最抢眼的是那四根方形青石柱子，因是方形，不似圆形那般粗壮。墙是青砖，栏杆是白色，窗棂是朱红色，雕花细致。几种颜色混搭却毫不突兀，与西湖也相得益彰，一派温婉气质。

这气质，怕本就是为爱而生的吧。

当年，沈秋水还不叫沈秋水，她原名沈双清，出身贫苦，被卖到上海滩做雏妓，改名花慧芝，因才貌出众，被一位皇室贝勒相中，赎身入京。几年后贝勒病故，她带着部分遗产回到上海，邂逅史量才。他们的初见亦是一段佳话，花慧芝回到上海后，因无住处，直接来到一故友家中，故友大喜，带她出去吃饭，而她从京城带回的全副身家，就交由在座的一个朋友看管。二人深夜才回，却发现那位朋友还坐在那里守着沈秋水的财物——他便是史量才。

或许冥冥中自有天意，史量才为花慧芝看守的财物，后来变成了他的发家资本。此后，二人越走越近，视对方为知己。史量才替她改名为沈秋水，取庄子“秋水时至，百川灌河”之意，她亦以身相许，还将自己的身家全部交予史量才。

关于沈秋水的身世，还有一个传说，指她并未赴京，而是倚靠曾参加辛亥革命的老光复会会员、江浙联军司令部参谋长陶骏保。陶亦极喜欢她，还将大量财物置于其住处。1911 年，陶被陈其美以莫须有罪名杀害，此案震惊上海滩。沈秋水震惊之下，得史量才接纳，并允诺照顾她一辈子，二人就此定情。

但不管哪个版本，史量才得十九岁的沈秋水之助是尽人皆知的事实。财力雄厚的他，据说先开了两家钱庄、一家金铺和一家米行，紧跟着于 1913 年以 12 万元巨款购得在上海历史悠久、影响最大的《申报》，此后又收购《时事新报》《新闻报》等，一举执上海报业之牛耳。1921 年，他还与侨商合力创办了中南银行。

所以，有“说《申报》必说史量才，说史量才必说秋水夫人”之说。

这样的故事本就有几分荡气回肠，仿似红拂女与李靖。史量才办报时的侠肝义胆，坚持“人有人格，报有报格，国有国格”的豪气，若不遇温婉而慷慨的沈秋水，怕都无机会迸发。

可这样的故事里，也总有避不开的暗面。昔时才子，年少时不免被包办婚姻，后来又到处留情，在遇到沈秋水之前，史量才便已与表妹庞明德成婚，并生有一子。这位原配夫人品行甚佳，当年还帮史量才创办了上海女子蚕桑学校，所以沈秋水只是史量才的二太太。只不过，史公馆里的妻妾关系不同于一般家庭，沈秋水主持家业，各种迎来送往的应酬也由她负责。史量才与庞明德的儿子史永赓竟叫自己的母亲为好妈，而喊沈秋水为亲妈。由此可见沈秋水在史家的地位非同一般。可没过几年，史量才又有了外室，这个名叫李恩纯的女子亦有才气，在事业上也可帮助史量才，并为他生下一个女儿。沈秋水为此郁郁寡欢，史量才为表歉意，便在北山路上购地置宅，建了这座秋水山庄。

原来，它既是情爱见证，也是一件致歉的礼品。

我倒不怀疑史量才的诚意，可世间事即使听来如童话，也并不完美，不是吗？

据载，沈秋水初见秋水山庄时，欣喜万分，那背倚葛岭、面向西湖的景致，那青砖白栏的雅致，乃至正门口由史量才手书的“秋水山庄”四个大字，都让她忘却了之前的烦恼。她擅长七弦琴，常为史量才焚香弹奏，一片寂静中，琴声清冷。

如今走在院内，因维持旧貌的缘故，池水假山绿树小花之间，仍有旧时气息摇曳。偶见有客房开着门，酒店服务员正在清洁，里面雕花木床、旧式桌椅，还有马赛克地砖，都泛着当年民国味道。午后阳光洒在身上，才让人寻回思绪。想来，当年二人倚楼抚琴的那些午后，阳光也是这般洒在精致的窗棂上，透过空隙照入屋内，满地光影，温暖而迷离。

这样的日子，仅仅维持了两年。1934 年 11 月 13 日，对于沈秋水来说是人生中最黑暗的一天。这一天，她亲眼看着丈夫史量才在回沪途中死于特务之手，自己也受了惊吓。几天后，在史量才的灵堂前，白衣素服、面色憔悴的她演绎了感人的一幕，“家修，让我为你送行……”她止不住泪如雨下，伴着泪水，《广陵散》那凄婉的琴声在灵堂内响起，乐曲将终时，琴声突然激昂难抑，声如裂帛，“嘣”的一声，琴弦断了！只见她抱着古琴缓缓走向燃烧锡箔纸钱的火钵，将琴投入火中……知音不在，弦为谁响，泪为谁流！痴心脆，愁肠断。西湖无声，清风缕缕！

/ 20 世纪 30 年代，秋水山庄前、西湖博览会桥上，一张不经意的合影让人得以重新回味那个远去的年代

之后，她选择离开伤心地，将秋水山庄捐给慈善机构，成为“尚贤妇孺医院”所在处。她还将史公馆捐给育婴堂，自己偏居斗室，吃斋念佛，再不问世事。1956年，她默默辞世。抱一曾为此写诗云“白发诗翁犹殉国，碧山琴侣漫寻仙”，哀怨凄怆。

这对情侣并未葬在一起，那是沈秋水的遗愿。史量才葬于杭州吉庆山，沈秋水葬于杭州南山公墓，墓上的称谓是“秋水居士”，既成居士，便不再沾染世俗，这或许就是沈秋水不愿葬于爱人之侧的理由吧。

那些惊世情爱、抵死缠绵，早已随肉身如烟散去，数十年后，只剩一幢秋水山庄，喧嚣中遗世而独立，为爱而生，经久不灭。

建筑是活的生命，是历史人生的见证。“秋水文章不染尘”，秋水与秋水山庄，正是西湖边一篇不朽的美文。

赞曰：美人昔日名秋水。今此空余翠。我从溪径上瑶阶。风触梅花袅袅落琴台。素衣已带心弦断。大世倏然幻。有情微境渐同尘。芳草斜阳春梦了无痕。

跨国深情一线牵

2003年2月21日，一部名为《芬妮的微笑》的电影在北京、上海两地同时首映。这部由中国和奥地利两国电影人携手合作拍摄而成的电影，讲述了一个叫芬妮的奥地利少女与一个叫马云龙的中国青年从相识、相爱并远渡重洋到中国生活了六十年的传奇爱情故事。

这个被中国著名演员王志文和奥地利女星妮娜精彩演绎的爱情故事，并非虚构而成，而是取材于一个真实的爱情故事。该影片的编剧王浙滨谈到该剧创作时说："……我在媒体上得知，浙江东阳至今住着一位八十岁的奥地利老人。六十多年前，她一个人漂洋过海，从维也纳来到上海，寻找她在维也纳结识的恋人，从此她跟随丈夫经历了战争、动乱、迁徙，最后在中国的一个普通乡村里生活了半个多世纪。如今她已经成为了地地道道的中国农妇，儿孙满堂。她最终的愿望是在那个乡村里与丈夫同穴而眠。这个故事真正打动了我，这位奥地利老人令我无比敬重。我顿然萌生了要写一部电影的愿望，于是有了这部《芬妮的微笑》。"影片中女主人公芬妮的原型——奥地利老人格德鲁特·瓦格纳的这段传奇的爱情故事也被广为传扬，人们的思绪也被重新拉回到20世纪30年代的音乐之都——维也纳，这个爱情故事的起点……

1931年，中国政府选派了十位优秀青年前往奥地利警官学校学习警事。其中有一位来自浙江东阳湖沧一个中医家庭的名叫杜承荣的中国警官。

为了领略美丽的异国风情，也为了调节一下紧张的学习生活，年轻

/ 电影《芬妮的微笑》海报

的警官杜承荣闲暇时常去公园走走，学学溜冰，但在溜冰场上他是个新手，止不住地连连摔倒。就在这时，一个温柔、漂亮、善良、可爱的姑娘大大方方地走上前去，一边示范，一边讲解如何换步，如何保持平衡，这个姑娘就是后来与他厮守一生的妻子——格德鲁特·瓦格纳。

从此，他们经常在一起溜冰、散步、交谈，她成了他的德语老师，他则成了她的“中国导游”。在杜承荣的描述中，奥地利姑娘对遥远的中国和风景如画的杭州西湖十分向往，他们由相知而相爱了。

1934 年春，两年的学习期满，杜承荣即将回国。这对恋人面临分别

/ 1935 年，瓦格纳和杜承荣的结婚照

的考验。然而瓦格纳心中已经做出了为着“伟大的爱情和幸福”随爱人去中国的决定。1935 年，在最终取得家人同意后，在刚刚度过十八岁生日后，在全家依依不舍的目光中，瓦格纳从奥地利坐火车到意大利，再从意大利坐上“玫瑰”号轮船，在船上度过了二十六天又九小时后，轮船终于驶入黄浦江。在上海，阔别了一年的恋人紧紧地将她拥进了中国的怀抱。

1935 年 2 月 24 日，他们终于登上了婚姻的殿堂。举办婚礼的地方定在当时杭城最豪华的，也是她非常喜欢的地方——新新旅馆。这一天，美艳如花的远方新娘和中国爱人沐浴在西湖早春的和风中；这一天，来自音

/ 八旬的瓦格纳和她的次子杜兴华、长女杜丽华

乐之乡维也纳的十八岁姑娘格德鲁特·瓦格纳，也成了浙江东阳人杜承荣的媳妇华知萍。齐聚一堂的亲朋好友为这对新人报以深深的祝福。

此后，一个美丽窈窕的异国女郎，开始了东方式的爱情牧歌，执子之手，与子偕老，她与中国丈夫走过了相濡以沫、荣辱与共的漫漫长路。

如今，瓦格纳夫人已经完成了她最后一个愿望：“死后埋葬在中国的土地上，与她的丈夫杜承荣同穴而眠。”她带着微笑离开了曾经生活的土地，再一次奔向那令她朝思暮想的爱人。作为中奥两国的友好使者，作为忠贞爱情的曲谱歌者，他们永远被人们留在记忆之中。

赞曰：借鹊当年入耳新，寻常旅舍寄缘因。

奥中柳絮飞瀚海，共放西湖一枝春。

谢稚柳飞扬诗兴

著名书画鉴赏家谢稚柳住过新新饭店。书画鉴赏家劳继雄写道：

1986年春，文物鉴定组赴浙江工作，下榻于杭州毗邻西湖的新新饭店。时西子湖畔春意正浓，风光明媚。一天晚饭后，我们大家一起邀先生出去散散步，看看西湖美景。平时先生很少出门，此次他一口应允，于是我们一行陪随着谢先生沿着湖岸，边走边聊，并不时为周边景色所迷恋而驻足观赏。正在兴致盎然之际，忽天降细雨，回已不及，正好不远处为西泠桥，上有一凉亭，于是大家快步移至小亭躲雨。此时先生不但不为突降之雨而扫兴，反而诗兴大发，口中念念有词，一诗脱口而出："乍暖还寒二月春，嫩黄渐见柳丝新。西泠桥下风吹雨，不为重衣惜路人。"当时我即把此诗默记在心。我赴美后，1993年先生也正好来美小住，我去看望他时相谈甚欢，顺便也谈起此事，并把此诗又背诵了一遍。先生很高兴，当即蘸墨挥毫一气而成，末署："西泠桥遇雨，此盖七年前在杭州所作，时与继雄贤弟正同过西泠桥也，癸酉夏日，壮暮翁稚柳。"现此幅墨宝经装裱后悬挂于美国的家中，每每凝视其诗，师生相处的情景就会呈现眼前，让人久久不能忘怀。（《东方早报》，2014年6月）

赞曰：赋笔仍题稚柳诗，西泠二月见春丝。

又飞风雨桥前过，梦里重逢说旧时。

新新下榻，余光中寻根旅

余光中也住过新新饭店。他的游记写道：

三月三十日的黄昏，弱水在萧山机场接机，把我们安置在西湖北岸的新新饭店别馆，提醒我说："七年前你和喻大翔来，也是住在这里。"又说："民初的报人沙孟海遇刺，也在这间。"夜色苍茫，宽大的阳台上只见隔水的长堤上柳影不绝，灯光如练。我们果然置身杭州了。

次晨，弱水和他的太太杨岭来带我们去游湖。这才发现，昨夜所见的柳堤原来是白堤，而所隔的烟水只是北里湖，还不是西湖的主湖。四人沿着北山路东行，弱水背湖仰面，为我们指点山上矗立的保俶塔。终于走到白堤东端的断桥残雪，弱水说，相传《白蛇传》中许仙就是在这里邂逅了白娘子。桥上有一木亭，匾书"云水光中"，十多年前简锦松游湖，见题词含有我名，曾摄影相赠。那天游客不少，更多晨练的市民，就在亭前相拥起舞，一片太平盛世气象——父母带我来游，是否也这般旖旎风光。杭州人得天独厚，传统特长，一道堤上有多少故事，一声橹里有多少兴亡，真令我不胜艳羡。去夏我和家人游佛罗伦萨，也不胜低回，但是杭州的风流儒雅，似乎更令我神往。苏堤与白堤，岳墓与秋瑾墓，灵隐寺与香积寺，雷峰塔与六和塔，这一切牵人心肠的地标，甚至是引人梦游的坐标，又何逊于佛罗伦萨与威尼斯？

正是春分已过，清明待来，柳曳翠烟，桃绽绛霞，令人不由想起袁宏道赞叹的"断桥至苏公堤一带，绿烟红雾，弥漫二十余里；歌吹为风，粉汗如雨，罗纨之盛，多于堤畔之草，艳冶极矣”。那天春晴料峭，日色淡薄，白堤上游人虽多，却无什么歌吹，近午时倒是令人有些出汗。天上不时可见老鹰盘旋，游人却不怎么在意，后来越飞越低，才发现是有人在堤上收线，原来竟是风筝。于是彩蝶翩翩，也会降落到女孩子手上来，我也接到一只，只有巴掌大小，竟能曼舞湖上的风云。弱水说这季节西湖的风势正好放风筝，否则不可能这样收放自如。弱水又说：“走累了吧，不如上船。”四人便上了一条白帆布篷遮顶的游船，相对而坐，游起湖来。船夫兴致很好，带有本地乡音的普通话也斯文亲切。记得他只是撑篙，并不摇桨，过了张岱的湖心亭，过了诗人禅意的三潭印月，把我们放在小瀛洲浒。小船再来接渡，就把我们撑回堤上去了。

这就是我三月底的杭州之行：西湖之缘虽得以续，也只能浅尝即止，步堤倚舷，不满一天。湖上风平浪静，岸上岁月悠悠，我的深心却不得安宁。那么长远的记忆啊，民族的、家族的、童年的、悲壮的、倜傥的、缠绵的、方寸的此心怎么容得下理得清呢？湖边一宿，别说杭州通判的“水光潋艳晴方好”了，就鉴湖女侠的一句“秋风秋雨愁煞人”，都令我客枕难安。

“那么长远的记忆啊，民族的、家族的、童年的、悲壮的、倜傥的、缠绵的……”这句充满感情的话，用在新新饭店上，确也十分恰当。

赞曰：海岸遥遥万里悲，重来喜见翠成堆。
百年游子思乡梦，梦到西湖始觉归。

乡愁是一
而现在

才子悲欣，付与西子

诗人徐志摩的家海宁硖石离西湖那么近，在他短短的一生中，他不仅在西子湖畔读完了中学，而且后来也一次次地来饱餐西湖秀色，并多次与他喜欢的老大哥胡适相约在西湖。其中，1923 年 10 月那次游湖，他与胡适等人在新新旅馆整整住了九天。10 月 28 日，徐志摩离开了新新旅馆，留下了文情并茂的《西湖记》一册。

那年的秋天，徐志摩回故乡海宁为祖母守孝，有的是空闲，于是便有了畅游西湖的机会。当时胡适正在杭州南山的烟霞洞养病，9 月 25 日中秋节，他们本来约好一起在烟霞洞赏月，因为徐志摩从海宁到杭州太晚了，没有去成。

次日，徐志摩才动身去烟霞洞，路上先逛了雷峰塔，感叹其“神秘的庄严的美”，不过他发现塔里面四根大砖柱已被拆成“倒置圆锥体形”，“看着危险极了”。等徐志摩到了烟霞洞，胡适和商务印书馆的元老高梦旦他们却游花坞去了。徐志摩便喝了一碗茶，捡了几片大红叶，匆匆下山，以香蕉、月饼代饭。

9 月 27 日，徐志摩约好胡适、陶行知和这些天一直陪着胡适的曹佩声，第二天在海宁斜桥会合。他自己则当天去了上海，邀了马君武、汪精卫、朱经农、任叔永、陈衡哲及美国教授艾洛莉。28 日，正是观潮的好日子，他们一行十人坐船到了盐官，在镇海塔下观潮。过后，一干人马一半往北，一半往南。徐志摩与胡适、曹佩声、汪精卫和马君武到了西湖。湖心亭畔

送适之
志摩

/ 徐志摩与陆小曼在西湖合影

荡舟看月，三潭印月赏桂闻香。当晚五个人在西湖上优哉游哉，直到深夜。

10月20日，徐志摩又一次和胡适、朱经农等相约在西湖“寻快活”，他们都下榻在新新旅馆。

他们第一天游湖，逛了湖心亭。在湖心亭看晚霞、看湖光是湖上少有人注意的一个精品：看初花的芦荻，吃楼外楼的蟹。曹女士贪婪地看着柳梢头的月。他们把桌子移到窗口，这才是持螯看月了！夕阳里的湖心亭，妙；月光下的湖心亭，更妙。晚霞里的芦雪是金色；月光下的芦雪是银色。

三潭印月——徐志摩不爱什么九曲，也不爱什么三潭，他只爱在月光下看雷峰静极了的影子——他见了那个，便不要性命了。

阮公墩也是个精品，夏秋间竟是个绿透了的绿洲。晚上雾霭在苍茫里，背后的群山，只剩下轮廓！它与湖心亭一对乳头型的浓青——墨青，远望去也分不清是高树与低枝，也分不清是榆荫是柳荫，只是两团媚极了的青屿——谁说这上面不是神仙之居？

二更时分，徐志摩与胡适远眺着静静的湖、堤和映在波光里的堤影，清绝秀绝媚绝，真是理想的绝色美人。他们想“拿舟玩月”。拿一只轻如秋叶的小舟，悄悄地滑上了夜湖的柔胸；拿一支轻如芦梗的小桨，幽幽地拍着她光润、蜜糯的芳容；挑破她雾縠似的梦壳，扁着身子偷偷地挨进去，分尝她贪饮月光醉了的妙趣！

22日是一个纪念日，下午他们三人到了壶春楼，在门外路边摆桌子喝酒。饭后他们到湖心亭去，横卧在湖边石板上，论世间不平事。徐志摩愤怒极了，呼叫，诅咒，顿足，发泄一通，犹有未尽。后来独自划船，绕湖心亭一周，听桨破水波声，听风动芦叶声，才勉强把无名火压了下去。

西湖除了为诗人作以自然的供赏、美景清音的抚慰之外，亦见证着一段爱恋的失意，感受着这位多情才子的寥落伤怀。在此期间，徐志摩给胡适拍摄了一张坐像，并在胡适照后题：“适之，你为什么愀然，若有所思，你的病容也不曾全解。”胡适也给徐志摩拍摄了一张站像，志摩在后

/ 徐志摩在杭州读书时的手迹

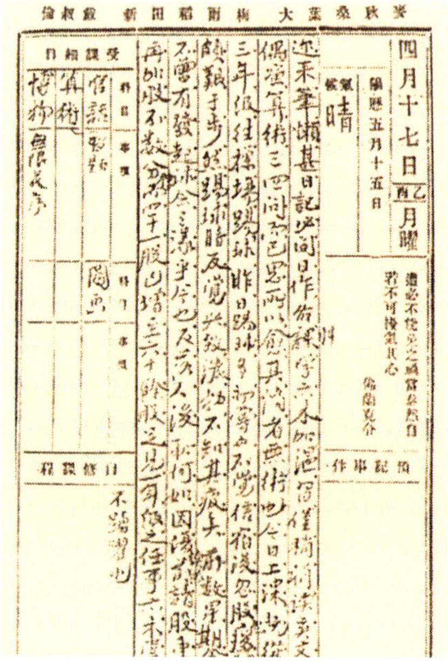
四月十七日 乙酉 月曜

陰歷五月十五日

晴

/ 徐志摩离开了新新旅馆，留下了一册《西湖记》

面自题了此诗。此时徐志摩对林徽因的追求失败，正在失恋中。此诗初刊于 1947 年 3 月晨光文学丛书《志摩日记·西湖记》（陆小曼编）。

我是从悲伤沉闷中，
来到这天然的胜处，
地窟里潜行的流涧，
又见了树色与天光。

志摩、小曼、徽因，都是犹如天上流星一般美好的生命，江山、名士与美人，向来是古典中国岁月流转的千古故事，只是在近代，增添了更多的复杂命运的纠缠。

1923 年 10 月 28 日，西湖这一段游记完了，朱经农这天一早就走了，胡适也要回上海，徐志摩也要动身了。“沉沉的宇宙，我们的生命究竟是个什么东西？我又摸住了我的伤痕。星光呀，仁善些，不要张着这样讥讽的眼，倍增我的难受！”

徐志摩于是作《西湖记》，以记录在西子湖边情怀挥散的那些题照自怜、泛舟玩月的悲欣回忆。

赞曰：清夜湖山多好景，游人拨棹久裴回。
欲寻才俊伤情处，西子相知捧月来。

玉佛流觞

招贤寺又俗称“玉佛寺”。不仅名僧弘伞曾在此参禅，弘一法师来此养病，并校点《华严疏钞》，充斥佛禅兴味；更值得一说的是，这不仅仅是释家胜场，亦以一代文人雅集而流芳后世。个中泉底织绡、拾翠洲边故事，细细谈来，悠悠玩索，自有含英咀华之妙。自禅变文，两段似不相干之故事竟然于玉佛寺一处迢继展开，更是一段绝美的佳话了。

李叔同回杭不久，好友夏丏尊、学生丰子恺一起坐火车从上海赶来探望。正因了这次探望，1926 年 8 月初，丰子恺写了一篇题为《法味》的散文，记述他和老师夏丏尊（即“S 先生”）一起到招贤寺探访弘一法师的情景。文中写道：

下午我与 S 先生分途，约于五时在招贤寺山门口会集。等到我另偕了三个也要见弘一师的朋友到招贤寺时，见弘一师已与 S 先生对坐在山门口的湖岸石埠上谈话了。

抗日战争胜利后，丰子恺寓居招贤寺时，也常与寺中住持往来。丰子恺对此地环境十分满意，他为住所撰联的故事一度传为佳话。他曾在一封信中说：“我最初看屋时，脱口而出：‘门对孤山放鹤亭’，正好是一副对联的下联，我想补一句上联，写一副对联挂起来，至今找不出……”后来此事被友人章锡琛、叶圣陶知晓，三人往来切磋，几经更改，才补上

/ 著名作家丰子恺在招贤寺旁留影

/ 1948 年，弘一法师灵骨暂存招贤寺，有关人员在大殿前合影

联为“居临葛岭招贤寺”。这副楹联可谓晓畅自然，既嵌入了背后葛岭招贤寺、前方孤山放鹤亭四个著名的旅游胜地，又一岭一山，一寺一亭，遥相映衬，从大境而返小地，诸般自然灵气集聚其中；且通俗清新，于日常讲述中如有禅家之意。

居西湖，丰子恺有感而发，画了不少画，写了不少文章。看他的漫画，似用形象“写”成的“散文”；读他的散文，则像是用文字“绘”成的“漫画”。他的作品，直观率真，玩味无穷。这一时期，光是他在西湖上写的或是直接描述西湖的篇章，就有《钱江看潮记》《半篇莫干山记》《山中避雨》《西湖船》《湖畔夜饮》，等等。现存招贤寺，重修于1918年，占地面积3.724亩，房屋三十八间，建筑面积1849.36平方米，计有大殿一座，二层楼房和平房各一座。1929年西湖博览会期间，招贤寺的山门改换了门面，辟为“交通部临时电信所”，也称“邮电收发处”。新中国成立初期，招贤寺一度由省委党校使用；1956年由省机关事务管理局安排使用，后为新新饭店的一部分；现大殿为秋水·招贤文化艺术中心，僧房为民居。

赞曰：过寺仙姝珠钿落，乐天拈作紫阳花。
香风绕岭招贤客，并付诗家与释家。

巴金息心谢时

1981 年，清明前后的西湖，烟雨迷蒙，春雨霏霏。一位老人时常静静地坐在新新饭店董庄的二楼阳台上，默默地眺望着绿岛般的孤山和横亘湖中的白堤，任由回忆的思绪从他的心中渐渐地涌起……

对于美丽的风景，各人有各人的看法。全国也有不少令人难忘的名胜古迹，我却偏爱西湖。我一九三〇年十月第一次游西湖，可是十岁前我就知道一些关于西湖的事情。在幼小的脑子里，有一些神化了的人和事同西湖的风景连在一起。岳王坟就占着最高的地位。……五十二年来我到西湖不知多少次。我第一次来时，是一个作家，今天我还是作家，可见我的变化不大。西湖的变化似乎也不太大，少了些坟，少了些庙，多了些高楼……人民的精神面貌是有过大变化的。说出来会有人感到不可理解吧，我对西湖的坟墓特别有兴趣。其实并不是对所有的墓，只是对那几位我所崇敬的伟大的爱国者的遗迹有感情，有说不尽的敬爱之情，我经常到这些坟前寻求鼓舞和信心。

这篇名为《西湖》的散文表达了巴老对杭州深深的喜爱。早在 20 世纪 30 至 40 年代，每年春秋，巴金先生总喜欢与文学界的朋友结伴游西湖，爬南高峰、北高峰、玉皇山，游苏堤，翻六桥。新中国成立以后，巴金先生来杭州的次数更多了，除了旅游休憩，还多次来杭州参加会议，陪外宾

/ 巴金

/ 巴金在西湖孤山的鲁迅像前

/ 黄源在新新饭店看望巴金，这是他们在“文化大革命”后的首次相会

游览西湖秀丽的湖光山色；还与夫人萧珊一起，在新安江水电站工地体验生活后，途经杭州，到虎跑、龙井喝茶，去苏堤、花港徜徉，享受忙里偷闲的那一份轻松和舒坦。

但是此次来西湖，巴金先生的身心都显得特别疲惫。“文革”后巴金先生夜以继日地投入工作，并计划在五年内要完成十三本书，其中五本《随想录》、一本《创作回忆录》、两部长篇小说，可以说写作任务很重，加上就在几天前，他的“尊师”茅盾先生在北京去世了。在这样的情况下，巴金先生于 1981 年 4 月 1 日从上海启程来到杭州，他在当天的日记中这样记道：“8 点半动身去车站，泰昌、小林、小棠同行，9 点 20 分开车，12 点 20 到杭。”

巴金老友、著名作家黄源与巴金先生的女婿祝鸿生前去车站迎接。当天下午，巴金先生住进了新新饭店董庄二楼临湖的房间，明净的湖水、带着暖意的春风以及老友黄源的故地重逢，使得巴金先生的身心渐渐舒展起来，对着这一湖的山水，老作家创作的灵感再次涌起。据巴金先生随行的著名作家吴泰昌回忆：“4 月 3 日，巴金闭门开始写《随想录》之六十四《现代文学资料馆》，4 日中午写完。他独自在凉台休息，我见他的情绪开始活跃，将相机拿出，你拍吧！巴老平时不太爱拍照，但此刻他却很配合。我从不同角度给他拍。午饭后，我兴冲冲地去照相馆冲洗才发现没装胶卷，为巴老拍的这么多张全是空的。巴老笑着对我说，看来做任何事，再简单的事也要有技术，要用心地学……”

巴金先生此次在杭州新新饭店总共小憩了六天。在这六天中，巴老除了与老友黄源叙旧，游览龙井、孤山等胜迹外，还写了《现代文学资料馆》这篇文章，并计划把自己积存的二十万元稿费捐献出来，兴建中国现代文学资料馆。这几天的故地重游，也让老人沉入了深深的怀念之中，他怀念鲁迅先生，怀念前些天刚逝世的茅盾先生，怀念曾长期住在灵隐白乐桥的方令孺大姐，怀念丰子恺……于是这段时间写了不少怀念故人的文章，连同此前写的怀念老舍、黎烈文、赵丹等人的文章，组成了《随想录》第二、三集的一部分主要内容。

六天是短暂的，但在新新饭店这短短的小憩，洗去了老人一身的疲惫，据杭州市作家协会原主席薛家柱先生回忆：“临行前夕的傍晚，天空突然放晴，久雨初歇，西天泛出淡淡晚霞，湖上空气也显得分外澄澈、清朗。晚饭过后，巴老、女儿、女婿和我从新新饭店沿湖漫步到断桥，然后再沿原路踱回。虽然老人步履缓慢，足足走了一个多小时，但他那天心情较为开朗，一边观赏着湖面上波动的晚霞、绿柳上晶莹的水珠，一边与我们随意谈着文学的使命和作家的责任：作家要甘于寂寞，不要与人争一时短长，作家是用作品同广大读者见面……”

如今，虽然巴金先生早已离我们而去，但回忆起他在杭州、在西湖、在新新饭店留下的点点滴滴，仍让人倍感温馨和鼓舞。

赞曰：烛光风火接晨星，昔年师友半凋零。

平生艰苦向谁诉，英冢前头草木青。

艾青丹青赋登楼

“西湖是我艺术的摇篮”，这是艾青先生写的一帧条幅，也是他1937年在武汉写的《忆杭州》中的句子。但是人们不知道的是，他曾经有一段时间居然对西湖“难以忍受”。

1981年11月的一天，杭州大学教授、《艾青论》作者骆寒超与艾青先生在北京北纬饭店聊起杭州，艾青突然问道：“新新饭店顶楼的阳台上，有两个孤零零对立着的红色小亭子，不知道还在不在？我当年在艺术院念书时，老爱坐在放鹤亭上，望着这两个红亭子，把他们画下来。”

“红亭子还在！”骆寒超回答了这一句后又不解地问，“为什么喜欢它们呢？”

“我的心孤独么！”

看来，在国立艺术院时的艾青，已进入青春忧郁症的年龄。那时他感到西湖所能给予他的，只是“最初我能意识的人生的寂寞和悲凉”。他渴望异性的爱，“曾凝视过一个少女的侧影，但那侧影却不曾在我的画册上留下真实的笔触之前就消隐了”；他寻求人世的温暖，曾徘徊在断桥上，“在黑夜看过遥远的窗户上的灯光”——既遥远又不可能属于他的。正是这些，使他陷入一种生命感伤的情怀而难以自拔：“在一个细雨的冬天的早晨，寒风从那些破败了的荷叶丛中溜过，我在一个墙角，曾流下了冰冷的眼泪。”于是他不得不发出这样的感叹：“除了绘画，少年时代的我，从人间得到的是什么呢？”可见勤奋地绘画成了他消解青春忧郁的唯一出路。

/ 艾青（1910年—1996年），当代著名诗人，
原名蒋海澄，浙江金华人

“西湖是我艺术的摇篮”，这话确实符合艾青的情况。就在杭州，在西湖的怀抱里，他确立起了体现人世苦难的批判现实主义艺术追求目标，把握住了一个创作的主题系列：从自然世界的荒芜到人在荒芜环境中的迷路，再到寻求通向彼岸的途径。艾青曾按这个主题系列完成了一个组画：《迷路》《桥》《难行》。这组画在国立艺术院的一次画展中展出后，得到了老师和同学们的称誉。院长林风眠也发现了他具有非同一般的绘画天赋，所以一个学期结束后，把艾青叫去说：“你在这里学不到什么，你到国外去吧！”

就这样，1929年春天，艾青结束了在杭州西子湖边仅半年的学画生活，和青年教师雷圭元、孙福熙等一起，漂洋过海，到法国巴黎留学去了。

从这以后，艾青就不常来杭州了。倒是在1937年7月初，他在上海的工作被停了，接着受聘于杭州蕙兰中学。7月6日，艾青带着即将做产的第一个妻子张竹如乘沪杭列车到杭。由于他连日来预感到一场生死存亡的民族战争即将爆发，在车上即兴写成一首诗《复活的土地》。在诗里，他召唤自己“拂去往日的忧郁”，“让希望苏醒在自己久久负伤的心里，去迎接战斗。”诗人的预感是正确的！第二天，“七七”事变发生了，中华民族全民抗战的序幕拉开了。杭州也像全国其他城市一样，抗战的口号响遍了大街小巷。但艾青此刻却是苦闷的，他不得不出没于芭蕉荫翳中的这所教会学校宁静的课堂，而他和张竹如的女儿也在这抗战热潮中来到人间，他为孩子取名“七月”以志纪念，同时不得不全力照顾产妇。因此他“感到沉闷、窒息，难以呼吸”，对天堂一样的杭州、抒情诗一样的西湖所散发出来的“迷蒙、飘忽、柔软”的情调却难以忍受了，以致常常“用逃避的脚步在街上走着，在湖边走着”。学校终于停课了，全城大撤退。他借了盘缠，带着妻女回到金华老家略作逗留，又奔向武汉。

多年以后，1953年春天，为了体验生活进行创作，艾青才有机会回金华畈田蒋村去探亲。那次回乡他先到杭州，住在临湖的新新旅馆，逗留了好长一段时间。

由于那时艾青已是很有国际影响的革命诗人，所以他到杭州后省里十分重视，派专人接待。闻讯前去探望的文艺界朋友也不少。在这些朋友中，有一位浙江省文联的李一航先生，是20世纪30年代后期艾青在桂林编《广西日报·南方》副刊时结识的。李先生笔名虹飞、黎央，发表过许多诗，出版过《虹飞诗集》，也翻译出版过叶赛宁的诗，是很有成就的诗人兼翻译家。他们已有十四五年未见面。他是艾青生活最艰难时期、创作最旺盛时期的见证人，因此老友重逢倍感亲切。两人常常相约在湖畔漫步，或坐在新新旅馆艾青所住房间临湖的阳台上同赏湖光山色，促膝谈心。

那些日子里，艾青每天傍晚都在旅馆门前的石凳上坐很久，观看西山的山色、天空和远近湖水的幻变。而他那首《西湖》也就是这样写出来的：

月宫里的明镜
不幸失落人间
一个完整的圆形
被分成了三片
人们用金边镶裹
缝以漆泥胶成
敷上翡翠、涂上赤金
恢复它的原形
晴天、白云拂抹
使之明洁
照见上空的颜色
在清澈的水底
桃花如人面
是彩色缤纷的记忆

历来写西湖的诗可说是汗牛充栋，够多的了。比较而言，艾青这首十四行诗倒真是不同凡响：写得那么剔透玲珑，色彩斑斓，在新奇的想象中所形成的整体象征，又能催人以无穷的遐思、悠远的韵致，散发着一脉青春的情味，实在堪称歌唱西湖的经典之作。从这首诗里，我们再也见不到艾青对西湖一直以来怀有的那种迷蒙的印象；西湖在他的笔下，在他的灵魂中，已变得透明、晴朗，这可是共和国初期那种人民生活安定、社会蒸蒸日上的时代在艾青心上投影的结果，世界明朗了，大自然明朗了，艾青从杭州获得的感觉世界也明朗了。

赞曰：人间总是亡羊路，孤闷添来雾色朦。

无意月晴闲驻辇，桃源忽在碧波中。

黄裳的西湖，黄裳的秋

黄裳先生是活跃文坛的著名作家，他曾长期从事新闻工作，并熟于版本目录之学。其文得古文之精髓，含今文之韵致，谈古论今，令人回味。黄裳先生常来西湖，为的是平生喜欢的三件事：写作、访书、探友。而每当事情完成之后，他总有华章美文留下，或有律诗绝句吟出，为杭州西湖增光添彩。1953 年的秋天，为了给京剧艺术大师盖叫天先生编写舞台纪录片的脚本，黄裳来到西湖，住在当时的省委招待所——新新旅馆楼上一间朝南的客房里，一推窗就能看见湖，正好对着放鹤亭。在此之前，黄裳于头年（1952 年）冬天带领着以《梁祝》和《西厢》慰问部队的解放军总政文工团来到杭州，赏了雪景。再前些年，黄裳曾于夏日来杭游湖，领教了“西湖确不愧是一只火罐儿”的气温。黄裳此次来西湖，不同于冬天和夏天，而是在“可爱的秋天”，风晨月夕，所以他一住就是两个月，度过了一个美好的秋天。

对于在新新旅馆度过的这个秋天，黄裳后来写了一篇《湖上访书记》，作为回顾：

……工作的日程是每天上午到金沙港盖老的住处去半天，说戏并谈剧本。一面吃茶，一面听他海阔天空地谈天，梨园旧事，艺人生活，湖上风光，几乎无所不谈，对剧本却不及只字，只是说：“你们看着办吧。”……

在一起去海宁看了一次潮以后，他又兴致勃勃地提议，影片中可以考虑加入汹涌澎湃怒潮的镜头，插在朱仝的武场刀花之间。这是一个奇突的想法，颇有电影艺术蒙太奇的意味，同时也表现了他对自己舞姿的欣爱与理解。这是他创造人物、设计身段的一贯思路。可惜这个设想因各种原因没有实现。

在盖老金沙港住宅的百忍堂内，正中的长案上安置着一尊高不逾尺的关羽的紫铜坐像，侧身而坐，神色偃然，是出于无名匠师的杰作。盖老说他是在荒摊上买得的，因为这正是舞台上经常出现的子午相，是塑造人物身段极好的参考，侧身而坐，不但避免了正面入坐的呆滞的缺点，而且也照顾到了台下观众不同的视角，无论怎么看都是美的。盖老并未接触过美学，可是在他的谈话中出现得最多的是“美”字。他是无时无地不在观察大自然、人间相、艺术品……时时敏感地吸取美的事物并糅和到他的舞台形象、舞蹈中去的。在这方面，他实在是一位伟大的艺术创造者。

在他的家里，有许多佛像，人们也许以为他佞佛，其实他多半是当作雕塑艺术品搜集的。有一次与他一起游城隍山，走入城隍庙时，他对我说，“我是北方人，来到杭州落户，应该拜拜地主。”从随意谈笑中很能表现他对神佛的态度。

每天在他家吃过中饭，总是叫几部三轮车全家一起出门，我们几乎

/ 黄裳与黄永玉等在杭州黄龙洞方竹园内合影

/ 盖叫天在金沙港“燕南寄庐”家中给学员们说戏

跑遍了杭州的名胜。碰到下雨，他就进城去洗澡，然后在饭店里吃饭，饭后到剧场去听李伯康的评弹《杨乃武》。他是北方人，寄居江南这许多年却仍未改乡音，但他却能领解苏州评弹趣味并发生极大的兴趣，这也是很有意思的事。

盖老好客，留人吃饭是常事。我想吃了他许多次了，总得还请一下才对。一次在城里吃晚饭，我先到账桌上预付了餐费。盖老饭后要夫人付账时方才发觉。他哈哈大笑道："三杯酒，把我的大事误了。"这是《四进士》里宋士杰的唱词，他把下句"信阳州无有好人"改为"金沙港"。从这件小事也可以看出他的机智和燕赵豪侠的流风余韵。

碰到下雨或盖老去洗澡时，我就去旧书店。当时浙东一隅的故家藏书大量地流散出来，据说在一处河码头每天都有从乡下装运旧书来的船只，在这里论秤当废纸卖出。几家书店都有人每天在码头茶馆里坐守。看见好书就随时抽下，用稍高于废纸的价钱买得。不过这样的机会不是旅人所能获得的，还得经过书店才能辗转到手。

可爱而美好的秋天一晃就过去了，黄裳顺利完成了《盖叫天舞台艺术》纪录片脚本的编写任务，也心满意足地"淘"得了一大批旧书，他以为"除了西湖的一半之外，那另一半值得勾留的应该就是杭州的旧书了"。

赞曰：老客识得清境开，敢烦西子助诗裁。

唤人入梦传江笔，又解秋囊送景来。

第四章

近代中国的
窗口、秘室与阳台

西湖潋滟，静江理政

被孙中山先生誉为“民国奇人”的张静江，曾先后两次兼任浙江省政府主席，对家乡的建设事业可谓倾注了全部心血，今天仍为人们所津津乐道的 1929 年西湖博览会就是他的“杰作”之一。他在杭州期间，与新新旅馆也结下了不解之缘。

1927 年 3 月下旬，国民革命军的北伐军势如破竹，一路攻到了江浙一带。此刻，刚任浙江省临时政治会议主席、政务委员会主席的张静江也随北伐军由江西抵达杭州，在数百名警卫的簇拥下，浙江南浔人张静江“衣锦还乡”，来到了里西湖的新新旅馆，安营扎寨。此时的新新旅馆，几乎成了浙江的政治中心，一时车水马龙，冠盖如云。当晚，浙江省临时政治会议的一干要员如蔡元培、马叙伦、邵元冲、蒋梦麟等，均前往新新旅馆拜访他们的“张主席”。一个月后，张静江正式担任浙江省政府主席，仍把新新旅馆作为他的官邸。到了 1928 年 3 月，浙江省政府改组时，张静江再次兼任主席。而实际上这位“跛脚二先生”一直行走奔忙于沪宁之间，浙江省主席是徒有虚名。直到这年 10 月 13 日，他才到浙江省政府正式办公。上任不久，一向善于理财的这位“巧妇”，眺望着西湖，脑海里突然跳出了宋代房皞《别西湖》的诗句：

闻说西湖可乐饥，十年劳我梦中思。湖边欲买三间屋，问遍人家不要诗。

西湖是个宝，是个硕大的聚宝盆，他像是勘探队员突然发现了丰富

的矿藏般激动。

说干就干，他当即召来了南浔同乡、浙江省财政厅厅长朱家骅和浙江省建设厅厅长程振钧。张静江开门见山地说道：1915 年，英国政府在伦敦举办了一个“万国博览会”，为政府揽集了一笔不小的资金，你们应该晓得这段历史的。两位留过洋、又先后当过北京大学教授的厅长见多识广，立马明白了静公这番话的意思，三人一拍即合，达成默契。

10 月 15 日，张静江主持召开省政府常务会议，通过了举办西湖博览会的决议案。

省政府很快成立了“西湖博览会筹备委员会”，张静江亲自点将程振钧任筹备委员会主任。张静江在筹备会第一次全体会议上明确了西湖博览会的十二字宗旨：“提倡国货，奖励实业，振兴文化。”他在会上进一步强调道：“人们常说在商言商，西湖博览会当然具有商业性，要争取多赚钱、赚大钱，然而真正的目的是通过博览会这个载体，鼓励发展实业，振兴教育，振兴文化，达到振兴中华之目的。因此，在馆所的设置上要充分考虑到我们的民族性和社会性。不但要有教育和文化的展地，而且在展示的产品和物品中要蕴含我们民族文化的精粹。”筹委会根据张静江的主张经过精心策划，并征得社会各界人士的意见，最后确定西湖博览会设立“八馆二所三个特别处”，即：工业馆、农业馆、教育馆、艺术馆、卫生馆、丝绸馆、博物馆和革命纪念馆，特别陈列所、参考陈列所和铁路、航空、电信三个特别陈列处。

为了选择最佳的西博会会址，张静江多次召开“诸葛亮”会，发动各界人士建言献策。他认为选好会址，是西湖博览会成功的一半。他把博览会冠以“西湖”二字，是想借重西湖的盛名，那么会址也应选在西湖最美的地方。张静江打定主意后，便拉上程振钧、朱家骅等人徒步西湖选会址。他们来到北山葛岭一带，张静江突然收住脚步问道：“白居易曾在这里作《西湖晚归回望孤山寺赠诸客》的诗，谁能记得吗？”张静江神秘地

/ 张静江的得力助手、民国时期的浙江省建设厅厅长程振钧

/ 国民党浙江省政府组成人员合影：居中为张静江，右四为陈布雷，左四为程振钧

/ 张静江全家照

笑了笑，吟道：

柳湖松岛莲花寺，晚动归桡出道场。卢橘子低山雨重，棕榈叶战水风凉。

烟波澹荡摇空碧，楼殿参差倚夕阳。到岸请君回首望，蓬莱宫在海中央。

西湖之美，孤山之佳。孤山峁介湖中，碧波环绕，胜地仙山。张静江扫视了大家一眼说：“如果能将孤山与里西湖连作一体，作为西湖博览会的会馆和展馆，堪称天下一绝了。”

“这不难，”程振钧插话道，“从北山招贤寺至孤山放鹤亭之间建造一座木桥便是。”“好主意，好主意！”张静江迭声夸道。

西湖博览会会址就这样选定在孤山和里西湖一带，包括断桥、孤山、岳王庙、北山、宝石山麓及葛岭沿湖地区，周长四公里，面积约五平方公里。

西湖博览会会址确定，新新旅馆正好处于其核心位置，于是“屋尽其用”，新新旅馆被筹委会指定为接待国内外重要客人的“迎宾馆”，每当国内外重要客人到达的时候，作为省主席的张静江就会去“迎宾馆”拜访会晤。一来二往，新新旅馆成了张静江三天两头的必到之处，当年的“官邸”变为现在的“迎宾馆”，令张静江生出几多感慨。

西湖博览会于1929年6月6日开幕，10月10日闭幕，是国民政府成立后首次举办的大型展览。西湖博览会限展国货，“欲使天下人移爱慕西湖之心以爱慕国产”，在断桥之前的博览会入口处，有楹联曰：“地有湖山，集二十二省无上出品大观，全国精华，都归眼底；天然图画，开六月六日空前及时盛会，诸君成竹，早在胸中。”此次西湖博览会盛况空前，观众达两万人次，扩大了西湖和中国制造业在国际上的影响力。次年，爱迪生前来杭州参观，作了《天生万物皆有用》的演说，是为余响。此次博

览会，不仅借鉴了世界大型博览会的组织方式，还带有浓厚的地方特色，融游艺与观览为一体，并邀请政界、学界著名人物进行专题演讲和学术报告，它在发扬社会文化产业、民族工业和发展中国博览事业方面都具有开创性的意义。新新饭店作为西湖博览会的重要会馆之一，见证了这场西湖梦和民族梦的开端。

后来，满心欢喜北山街的张静江就在离新新旅馆一箭之遥的葛岭宝云山山腰建起了住所“静逸别墅”，站在新新旅馆的楼上，可以清晰地看到静逸别墅的模样；身处静逸别墅，也可俯视新新旅馆的姿容。西湖博览会后，北山街一度改名为静江路，以纪念张静江这位有功之臣。而新新旅馆和静逸别墅则一直保存使用到今天，成了北山街这座“近代建筑博物馆”的两个重要亮点。

赞曰：车马梯航争列阵，华光宝色入楼台。
乐吟太守仁风至，西子还邀西燕来。

/ 朱家骅　　　　/ 黄绍竑

草舍运筹

1937 年 11 月 13 日，里西湖（北山街）45 号的孤云草舍里，浙江省政府主席朱家骅正陷于矛盾与痛苦之中，有几件棘手的事情等待着他的处置。

1937年11月5日，日寇在钱塘江杭州湾的金山卫登陆。12日上海沦陷，杭州守军、国民党第十集团军刘建绪部第六十三师接到上峰的密令，正要“掘堤御敌”。这样一来，苏南和浙江杭嘉湖平原将瞬间变成泽国。朱家骅面临着艰难的抉择，思索片刻，最终他还是顶着巨大的压力，决定绝对不能坐视祸滋。于是，他一边严厉要求守军马上停止部署掘堤，一边严令各县设法阻止掘堤并布置人手严防。同时，疾电蒋介石陈明利害关系，请其直接下令制止。

/ 朱家骅（前排居中）与众人合影

/ 朱家骅与夫人合影

朱家骅这个生于湖州富庶人家的公子，少年时代就结识了他的同乡张静江、刘锦藻等人。在张增熙创办的新式学校南浔正蒙学堂就读期间，他深受老师沈士远、沈尹默和曹砺金等人的影响，从小具有爱国爱乡的思想。

1935 年 12 月 1 日，国民政府行政院决议通过朱家骅任浙江省政府主席兼保安司令。他一上任便大刀阔斧地整顿政务：裁减冗吏，查惩贪污，废除苛捐杂税，禁赌禁毒，强化治安，召开全省体育运动大会。而他自己的生活却十分简朴，甚至没有一处很像样的住所。他的同乡好友刘湖涵见此，便主动出面把刘家在杭州里西湖的别墅——孤云草舍（孤云草舍为刘氏家族产业，后刘家在分家时将其归于四子景德堂刘湖涵的名下）借给他作为官邸使用。一时间孤云草舍车水马龙，来访人员络绎不绝。

1937 年 11 月 16 日，国民政府军政部指派南京工兵教官运来两吨炸药，限令次日炸毁钱塘江大桥。朱家骅闻此，倍感震惊和痛惜。倘若此时炸桥断路，阔水横绝，将会导致何等严重的后果！他再一次面临非常选择。在府邸，他坚持对南京来人说：“现在（它）正是疏散物资与人员的主要通道，无论如何不能马上破坏。一切的责任由我省主席担当。”因此，在多争取到的近四十天时间里， 就凭借那座国人自行设计建造的公路铁路两用桥，浙江军民撤运出大量的军民物资。仅 12 月 22 日一天，即运走机车车头三百多台，客货车二千多辆；成千上万的百姓、伤兵通过大桥撤往后方，脱离了日军的魔掌。11 月 24 日，周边情势愈危。朱家骅接到杭城士绅、中国银行杭州分行行长金润泉等人的报告，由戴笠率领的特别行动队受命将焚毁杭城。朱家骅至此遇到了抗战时期他在浙江省主席任上的一个最严重、也最为棘手的紧要选择，如果这回他再选择抵制或拖阻，无疑意味着他是摆明了在同自己的“最高领袖”顶着干。面对特别行动队的火油、木材，他没有昧心改变自己的立场，严令戴笠手下那帮别动队立即住手！而且对他们做了一番语重心长的训诫：“一个地方不得已失守了，这个地方上的人民财产还是我们中国的，我们总有回来的一天。我们不能将自己的城市付之一炬，那样，受损害的还是自己的人民。”两天后，即 11 月 26 日，他接到国民政府让他调职武汉的电令。临行前，朱家骅似有预感，特地将杭州市市长周象贤、浙江省警察局局长赵龙文、浙江省保安处处长宣铁吾等召至孤云草舍，郑重地叮咛道：“外面焦土抗战的风气很盛，一旦杭州撤退时，你们一定要防止。”诸人一一应诺，朱家骅这才稍稍放下心来。

新任主席是黄绍竑。这是他第二次就任浙江省政府主席。蒋介石鉴于黄绍竑第一次主政浙江期间在政治上、军事上的表现突出，特别是他在军事准备上驾轻就熟,因此把他从山西抗战前线调回浙江再任省政府主席。

11 月间，朱家骅已把金华作为临时省会，省级党政军机关都纷纷迁到了金华。而朱家骅与少数人员仍留在杭州孤云草舍，主持前方要务。12 月 4 日，黄绍竑到了杭州。12 月 9 日，朱家骅在他的寓所孤云草舍与黄绍竑举行了交卸省主席的仪式。后来，黄绍竑在他的《五十回忆》中这样写道：“我到了杭州，先与朱前任见面，他还请我在他的寓所（孤云草舍）吃饭，谈谈前方及交代情形。过去数十年的官员交代习惯，都是前任去了，后任才来。好像新旧任在住所见面，是怪难为情似的。可是这次却打破惯例了。朱主席一直等到我到来才走，这也算是抗战的一种进步吧……”

1937 年 12 月 23 日，也就是杭州沦陷的前一天，新任省主席黄绍竑撤离了杭州,这位两任的西湖守主伤感之余填了《菩萨蛮》一阕,以志不忘:

越王欲雪稽山耻，越溪送女愁西子。一步一回头，酒旗楼外楼。吴宫人已去，教训谋生聚。以期十年春，还伊湖上人。

越溪送女愁西子，正是讲杭城的沦陷，本来是滥调的故事，用在这里特别有新鲜生动的意味，分明为西子湖增添了一层国破家亡的悲剧感。

朱家骅在浙省主席任上，能够明于义理，顾及大局，不避责任，甚至不惜逆拂“最高指示”，先阻守军掘堤，继阻提前炸桥，再阻“焦土”杭州。这三件事，决策于孤云草舍，影响深远，功德无量。

赞曰：芥子草舍卷风云，九州雷动走千军。
　　　西湖颜色今如旧，堤岸未销老功勋。

难先骨鲠，岂为国戚折腰

张难先，号义痴，别署旦庐、六其居士，湖北沔阳人。他素以刚正、廉洁、不阿附国民党的任何派别而著称政坛；他在财政上节约有余，开源不足，不能上缴“国库”，为上峰所不容；特别是他的办事认真，秉性正直，都与官僚作风格格不入。如此官场“另类”，自然要被排斥出这个集团之外。

1930 年 12 月，张难先由国民政府考试院铨叙部部长任上调来浙江省政府当主席。上任这天，他一无随从，二无警卫，孑然一身，一领青衫，步行到梅花碑省政府上任。门岗见他这副模样，喝住盘问，不准擅入。待问清是新任省政府主席，始立正举手致敬。

上任伊始，板凳还未坐热，就遇上了一件难为和得罪“皇亲国戚”的棘手之事。

1931 年 4 月 10 日，蒋介石偕同宋美龄由宁波来杭，以花港观鱼的蒋庄为临时的“行辕”，随从人员分住在清华、清泰、环湖等几家旅馆。当晚，张难先尽地主之谊，在蒋庄设宴款待蒋介石夫妇一行。

第二天，宋美龄母亲宋家老太太、宋蔼龄，还有宋子良和未婚妻、宋蔼龄的干女儿，以及丫头使女、仆役小厮等二十人，由青岛经上海来杭州游玩。事先，蒋介石的侍卫官已通知杭州市公安局局长何云，准备好新新旅馆五个大房间接待。何云向张难先汇报，要求派几个招待人员并预支招待费。张即指派何云为招待，另派省政府第二科科长骆正葵协助，通

知会计室支付二千元为招待费，命骆正葵经管支用，不得浪费。

这班“皇亲国戚”到杭以后，在上海“养病”的杭州市市长周象贤突然在新新旅馆里出现了，在五个大房间里窜进踏出，十分忙碌。口中“老太太”“太太”“小姐”“大少”，叫个不停，媚态可掬。他们每餐由楼外楼、太和园、聚丰园、天香楼、三义楼供应时鲜名菜、南北佳肴，还要每餐更换菜单，以免吃腻胃口。另还特聘天香楼老板和中央西菜社经理为顾问，住在新新旅馆，以便随时咨询。周象贤又向骆正葵支去五百元，派专人赴上海采办法国化妆品和亵服、浴衣、浴巾、长筒袜、拖鞋等分配各房使用。不到几天，二千元即告用罄，又得去省政府会计室支领招待费。张难先先要查阅前领招待费的发票，然后才肯续付。不料查阅到西蒙蜜、寇丹、内衣、长筒袜等东西时，顿时勃然大怒说：“民脂民膏，你们竟敢如此挥霍！”骆正葵只得直说是周市长为“老太太”备用的。

张怒斥道：“我没有叫他招待，何必要他操心，老太太岂也抹粉涂脂，穿长筒袜吗？这些费用，一律不准报销。”骆正葵领不到钱，还挨了顿训斥。后来同何云商量，由公安局暂时借垫，才应付过去。

西湖玩腻之后，蒋介石夫妇及“皇亲国戚”们先后上莫干山游憩，蒋介石在莫干山住了一天就带领一批随从回南京去了，留下宋美龄和“皇亲国戚”们在山上。一天去游玩剑池名胜，周象贤当向导，大谈磨剑池的故事，他同宋美龄有时说上海话，有时说英语，一副“西崽”相。此时莫干山上春寒未尽，“老太太”不惯山居，吩咐下山，明日就要回去。

回到杭州，张难先和省政府财政厅厅长王征莹去新新旅馆向宋美龄和“老太太”作了一次礼节性的送行，应酬了几句客套话，不到十分钟就回了省府。

“皇亲国戚”们这次来杭，一共住了九天，用去招待费五千余元。在他们由周象贤护送回上海以后，新新旅馆整理他们住过的房间，收集丢弃的西蒙蜜、寇丹、内衣、长筒袜以及糕点水果等，扎扎实实打了一大包。招待人员把这大包东西连同账单一道，送到了张难先的办公室里，作为报销的证物。不久在一次省政府“纪念周”（纪念孙中山先生）上，张难先叫何云把这包东西带去当众抖出给大家看，并说：“如此浪费老百姓的汗血，还有没有一点良心？”并嘱咐何云，把这一大包东西送还周象贤，要周象贤归还这笔费用。当时在场的四百余人，为之动容，甚至有人提出撤换周象贤。

张难先如此作为，肯定得罪了周象贤和周的“后台”宋美龄，只是他们一时无法发作，只得忍着。不到一年，即 1931 年年底，张难先就被上头免职。被免职后，张难先由于平时不谋私蓄，生活渐显困难。幸好还有一个旧属出任家乡湖北省沔阳县县长，张难先自行前往，屈任该县政府秘书。一个曾任封疆大吏的官员，自愿屈就县治小吏，这种能上能下的风格，在旧中国的官场上也属凤毛麟角，难能而又可贵。

这位被誉为“民国怪人”的清廉好官，在新中国成立后曾任中央人民政府委员、中南军政委员会副主席、湖北省人民政府副主席等职，于 1968 年去世，终年九十四岁。

赞曰：张公有扇可拂尘，不蔽民家半寸春。

朝列半生馀耿介，清风怀袖一痴人。

垂老吐心曲，应钦诉衷肠

1987 年 10 月 21 日，生前颇受争议的国民党军界元老何应钦在中国台湾逝世，享年九十七岁。

何应钦与蒋介石是日本陆军军官学校的同学。基于同学之谊，早期蒋介石提拔何应钦着力颇深。蒋介石任黄埔军校校长时，何应钦为教育长；蒋介石任北伐军总司令时，何应钦为第一军军长。所以何应钦曾经是位于一人之下、万人之上的“党国要人”，是民国时期国民党的风云人物，他的一言一行，对政府和社会的影响很大。

抗日战争爆发前夕，何应钦曾来杭州视察军务，下榻新新旅馆，并在旅馆接受新闻记者的私人访问。这次采访的内容，应何应钦的要求，从未见诸公开的文字，直至 1987 年何应钦去世后，才披露于有关内部书籍。

客观而言，在某种程度上这也算是何应钦一支由衷的心曲吧。

那是1937年6月间，时任国民政府军事委员会军政部部长的何应钦上将因公来杭，住在西湖北山街的新新旅馆一个临湖的大房间里。此时，南京中央通讯社驻杭特约记者吴醒耶先生闻讯，匆匆赶去新新旅馆访问何应钦。吴醒耶本是何应钦的老部下。北伐革命时，何应钦先后担任第一军军长兼中央军事政治学校潮州分校校长、国民革命军东路军总指挥兼福建省政府主席、浙江省政府主席等职。吴醒耶一直追随在何应钦左右，担当要职。多年后，尽管两人地位相差悬殊，但还是有缘相逢在里西湖畔的新新旅馆中。

吴醒耶在一篇名为《抗战前夕与何应钦的一次晤谈》的追忆文稿中，记录了这场发生于新新旅馆中的谈话：

有一段时期，国内盛传何氏是一个“三月亡国论”者。当时，我内心是怀疑的。为此，我一开头也便请他谈谈对抗日问题的真意，他表示同意。说：“好！我先谈谈此来的任务。现在大家都认为中日双方全面战争都已如箭在弦上，一触即发，但是果真要打大仗，首先自己不能不有所准备和估量，正如《孙子兵法》所云，‘知己知彼，百战不殆’。人所共知，日本已是一个军事全部现代化的强国，而且民性剽悍异常；而我们是一个爱好和平的民族，军备亦远远落后于他们。因之我此来，就是要了解一下浙江方面的军备实况，在我察看以后，真不能不忧心忡忡。我们将如何以这些陈旧过时，而且为数有限的军备，去和全部使用现代精良武器的强敌相抗衡？当然，我们不应轻视自己所具有的特点：我们土广民众，我们被迫抗战，民气旺盛，我们是被侵略者，正义在我们一边，我们将来也可能得到国际的支援。然而所有这一些，在战争一旦爆发后，还是要先看实力呀！不过又要说回来，如果有一天到了忍无可忍，逼得我们不得不打大仗，那也只好拼了再说了！

其次，我不能不对你说，我现在的身份是军政部长，对国家存亡的大计，负有责任，不允许意气用事，轻易把国家的命运孤注一掷；同时，我又是国民一分子，古人言，“国之兴亡，匹夫有责”嘛，我何某也何至无耻下流到甘作亡国奴啊！所有这些，是我何某内心的话，一切外间流传的“三月亡国论”等，究竟从何而来，谅你必可思过半矣。

经过这次采访，他给我的印象是：他至少还是一个忧国心长的人。（《杭州文史资料·第十辑》）

赞曰：老去安能凉热血，从来视死忽如归。

棉湖破釜沉舟日，为拯江山誓解围。

/ 张元济（1867 年—1959 年），字筱斋，号菊生，浙江海盐人，近代著名出版家

张元济游湖旧忆

我国著名的出版家、教育家张元济先生是浙江海盐人，而他的夫人则是“五世同堂，七子登科”的杭州“横河桥许家”中军机大臣许庚身的女儿。因此，早已定居上海的张元济夫妇俩对家乡的西湖很是喜爱，经常携家带口来西湖一游。且每次来都下榻于北山的新新旅馆，留下了一段段的“西湖佳话”。

20 世纪 10 年代的新新旅馆，尚开在何庄（新新饭店何庄旧址）的红砖老楼之中。进得大门，就可以看见张元济先生题写的一方大匾，上书“湖山有美”四个大字，上款为“新新旅馆”，下款是“海盐张元济”。匾书笔力遒劲，端庄大方，夺人眼目，是新新旅馆的一件“镇馆之宝”。（另

/ 20 世纪 10 年代，张元济为新新旅馆题写的匾额

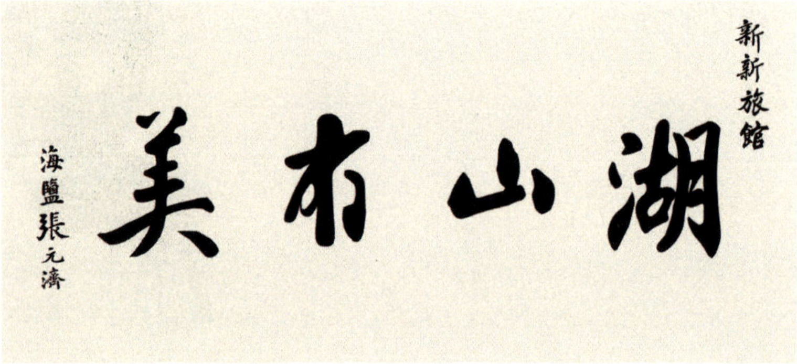

据董锡赓之子董炎山回忆，张元济题写的大匾上书四字为“大好湖山”。）

张元济早年的两次杭州西湖之行，在《张元济日记》中都有记录。第一次是 1916 年 4 月“二日至杭州，九日回”，一共住了七天；第二次是 1918 年 4 月 16 日“请假赴杭州”，26 日称“昨日下午车自杭州返”，前后住了九天。这两次西湖之行的那些日子是张元济难得摆脱繁杂公事，与家人同享天伦之乐之时，也是亲人印象中张元济特别高兴的几天。张元济先生的公子张树年对当年随父母来西湖游玩、住新新旅馆的往事记忆犹新，十分清晰。这里不妨摘录几段张树年先生的追忆，与读者共飨：

1916 年春，是我第一次远游。那天双亲带领姐姐和我一早来到火车站，同去的还有帮佣大姐和她的女儿阿毛。当时沪杭甬铁路的车站在南市车站

路。上火车后我坐在靠窗的座位，向外眺望，只感到车速不快，几乎每站必停，到杭州已近中午了。

我们下榻里西湖葛岭保俶塔下的新新旅馆。这是一所开业不久的新旅馆，四开间两层洋式建筑。设备齐全，客房宽敞。据说原是一位何姓宁波富商的别墅。旅馆经理也是宁波人，姓董，年轻有为，善于经营。“西崽”人数不多，却训练有素，讲话和气，很有礼貌。旅馆底层中间为大客厅，四周都是客房，有如中式建筑的走马堂楼。西侧有扶梯通二楼。我记得我们全家租的是二楼西边一大间。大姐、阿毛则住下房。当时外出旅游带佣人是常见之事，不足为奇。那时，旅馆不设餐厅，每膳由餐馆送到房中。可口的杭州菜，如醋溜鱼、油爆虾、响铃儿等我十分爱吃，至今仍感回味无穷。

下午双亲带了我们在旅馆附近散步。不远处是断桥。断桥之名始于唐代，宋代称宝祐桥。桥两侧的石栏好像刻有花纹。桥的中央有一牌楼似的门，桥的另一端连接白堤。

……

有一天回到旅馆，见到大客厅里聚集了二三十人，其中还有洋人。我们上楼休息，才知道这批人是上海圣约翰大学工程系学生，由主任 Ely 教授率领来西湖作测量实习，住宿、膳食包在新新旅馆，楼下客房全部占用。晚上八时前热闹非凡，有的打牌，有的下棋，有的唱洋歌。一到八时就回房学习，将一天的测量数据绘图、测算，全面核对。第二天一早，只见他们扛着仪器、拎着测绘箱，在洋教授带领下外出工作去了。秩序井然，纪律严明。

从旅馆东望，初阳台、保俶塔看得清清楚楚。这样高的山我没见过，真想爬上去，但又想十岁的孩子能爬么？于是就对父亲说了。父亲说选一天清早，他带我去。大约隔了一两天，父亲一清早带了我走出旅馆，向东，从一条小路弯弯曲曲拾级而上。父亲健步，我紧跟不放，爬到半山，在峭壁上有一座宫殿式建筑，父亲讲了这是南宋亡国宰相贾似道的府第“半闲堂”。这时我觉得吃力，就在堂前的石凳上休息。那天父亲兴致特别好，说他能不停地一口气爬上山顶，又说你第一次爬，不宜急，放慢步伐，继续上去。将到山顶时我劲头来了，一口气爬上去。父亲有意放慢，让我先登上初阳台。

……

连日乘轿登山和中午在外就餐，母亲觉得有些累，于是决定乘船游湖。一天清晨走出新新旅馆，登上一只划子船。母亲和姐姐坐在一排，我和父亲坐在另一排，倒向前行。船娘在船艄掌舵，助手在另一头撑篙。小船经断桥出里西湖，直驶三潭印月。在小瀛洲上岸，兜了一圈，重新下船。

在三潭印月处仔细看了三个潭。父亲说这里是西湖最深处，水呈深绿色。是日天气晴朗，阳光明媚，湖上空气清新。母亲喜欢让船在湖中慢慢悠悠地荡漾，就请船娘放慢速度。我记得，湖水清澈，水草连绵，小鱼在水中游来游去。这既是游览又是休养。在湖上荡舟一个上午，回到旅馆已近中午时分。

……

1918 年，我十二岁，第二次随双亲游杭州。此次仍住在新新旅馆。旅馆设备已大为改进，装上了电灯。客房布局变化也很大，底层除向南的几间保留外，其余都拆除，大厅变得很宽敞，并辟有中西餐厅，每餐不用“西崽”端到房间，旅客可去餐厅就膳。我们在二楼开了两间向南的房间，虽比两年前住的小一些，可是备有浴室，方便得多。父亲早上喜欢吃西餐，有火腿煎蛋、面包黄油、咖啡等，午晚两餐一般吃中菜，偶尔吃过几次西餐，烹饪手段亦不差。

寥寥几段生动的回忆，张树年就将全家游湖住店的往事清晰有趣地勾勒了出来，令人回味。

值得强调的是，张元济在近代学术文化史上的地位，不亚于胡适与蔡元培，从出版与书籍、普及与传播的角度来说，更是在二人之上，是中国近代文化的开山祖师爷之一。一座新新饭店，像一口深井，里面是半部近代史的天光云影。

赞曰：天下好山水，必有楼台收。
山水与楼台，更须高士留。
风雨招魂事，缥缃为国谋。
肯搜旧影在，老店寄青眸。

史量才忠魂缕缕绕西湖

杭州西湖的龙井路北、双峰村后的天马山中，僻静的荒草杂树深处，有一座墓主鼎鼎大名而墓址却鲜为人知的墓葬。它，就是 20 世纪 30 年代的报业巨子——《申报》主人史量才的埋骨处。

此地“风水”甚佳，背倚天马山，面对西子湖，右傍南高峰，左邻北高峰。史墓依山取势，布局严谨，构筑精致，气势恢弘。雕花石栏围护的墓台坐北朝南，上下三层， 台前砌有月牙形水池，拾级而上，墓室呈八角状，墓碑正面刻有“史君量才之墓”六个魏碑大字，背面是学界泰斗章太炎哀撰、辛亥老人陈陶遗书写、篆刻大家沈恩孚铭刻的《史君墓志铭》，铭曰：

史氏之直，肇自子鱼。子承其流，奋笔不纡。卖浆洒削，华屋以居。以子高林，宜其有余。何烦辱任事而不与俗同污？恬智相养，则亦与天为

/ 位于上海汉口路的《申报》馆，后为上海《解放日报》所在地

徒。吾闻夫毅饰貌以内热，豹菀中而外枯，智之所不能避者，虽圣哲有所不虞。唯夫白刃交胸，而神气自如，斯古之伟丈夫欤……

洋洋洒洒千余字，极尽褒扬之辞，畅叙哀痛之情，是一篇文情并茂的好文章。当年，史量才夫人沈秋水委托太炎弟子李某，请太炎为史撰写墓志铭。太炎认为责无旁贷，毅然为书《史君墓志铭》。秋水夫人很感激，托李某转赠润笔费三千元，而李某竟克扣下二千元。太炎事后得知，仅一笑置之，未予计较。陈陶遗原为江苏省省长，书法高手，是史氏好友。沈恩孚则为篆刻大家，刻墓碑驾轻就熟。如此文、书、篆三大家珠联璧合，留下了一件珍贵的诔文。

史墓人迹罕至，墓地静穆森然，阵阵林涛如泣如诉，恰似墓主冤魂

不散，仿佛在向人们诉说着什么……

史量才1880年生于江苏江宁。他见衰世科举缺乏实用价值，遂弃举业，转而学习日文、理化等知识，以求治国良方。1900年，史量才考入杭州蚕学馆，毕业后以教书为业，在此过程中，萌生了办学兴国的想法。1904年，史量才开办了“上海女子蚕桑学校”。黄炎培在《史量才先生之生平》中评价道：“实为吾女子蚕业教育之嚆矢。三十年来环太湖诸郡蚕桑业之兴，先生与有力焉。”民国初，史量才又出资盘下《申报》。清末民初，报纸一般受控于官方和洋人，民众无言论自由可言，史量才试图改变这一现状，并制定了“不偏不倚，言论自由，民众喉舌”的办报方针，他办报“纯以社会服务为职志”，将办报视为“庄严、伟大之公共事业”，立志要将《申报》办成“为社会国家立一较有历史之言论机关”。为此，史量才始终与军阀、国民党做着不懈的斗争，力将《申报》经营成国内企业化、现代化和最具权威的第一流华人大报。

在其锐意改革的劲头下，《申报》终于成为全国最有影响的报纸之一。不仅如此，他作为上海新闻界的头面人物和最大的报业企业家，力主抗战，反对内战，倾向民主，追求进步，努力把这份上海滩最老的报纸办成民主的阵地、民众的喉舌。1931年，《申报》针对特务炮制的诬陷周恩来的“伍豪事件”及时辟谣，澄清了事实；同年底，《申报》藐视当局禁令，率先刊出国母宋庆龄的战斗檄文《国民党不再是一个革命集团》；接着，《申报》又连续发表陶行知等的时评，公开抨击“攘外必先安内”的内战政策；《申报》还组织鲁迅、茅盾等为副刊撰稿，发表了大量“匕首投枪”般的文章……史量才的如此作为深遭反动派的忌恨，为国民党最高当局所不容，他们开始利诱，继而威胁，最后又使出了卑劣的暗杀手段。

就这样，以“人有人格、报有报格、国有国格，三格不存，人将非人、报将非报、国将不国”立身的史量才，终于饮弹泣血，死于非命。

其实，此次暗杀酝酿已久，继宋庆龄助手、中国民权保障同盟总干

/ 1934 年，史量才灵柩运回杭州时的情景

/ 位于双峰村后天马山中的史量才墓

事杨杏佛在上海被蒋介石指使的军统特务暗杀后，下一个目标就是这位“不听话”的上海地方协会会长、《申报》主人史量才了。

史量才死后，沈秋水心灰意冷。深明大义的她除了捐出秋水山庄外，还将史量才在上海铜仁路9号的花园住宅及庐山上的度假别墅等统统捐献给社会，而自己则在沪上择一斗室另住，闭门不出，研佛修身。

史氏殉难后下葬何处，家属按史量才生前遗愿曾拟议：杭州山明水秀，最为合适。西子湖畔，孤山之麓，应是英雄烈士安息之地。

但是，史量才的挚友、曾任江苏省省长的陈陶遗，老成持重，担心蒋介石杀了史量才尚不能解心头之恨，再下毒手，乃建议沈秋水及哲嗣史咏赓：墓地最好找一僻静之处，不予声张地秘密下葬，以策安全。于是派人暗地踏勘，找到西湖深处天马山、集庆山两峰之间的峡谷，那里远离风景区，人迹罕至。于是择地筑穴，迟至1935年秋，史墓才告落成。1936年春，史量才的遗体才落土为安，而此时离他被暗杀已有一年多了。为防外传，这件事只有极少数人知晓，连《申报》许多同人亦不知情，怕的是节外生枝。每逢清明，只有史氏亲属和《申报》总经理马荫良等少数人前往扫墓。

到了1956年，吃斋念佛多年，已成佛教居士的沈秋水也随史量才的英魂“去”了，她死后安葬于杭州西湖的南山公墓，墓碑上刻有“秋水居士之墓”六个大字。一代佳人沈秋水走了，她与史量才梅竹双清、琴瑟和鸣，留下一座秋水山庄，留下了一段凄美的西湖往事……

青山有幸埋忠骨，胜地逢“墓”色倍增。史量才夫妇虽早已魂归西湖，但他们留下的遗踪旧迹也已成为西湖人文景观的一部分，吸引着众多的游人。史氏夫妇九泉有知，定会感到欣慰的。

赞曰：书生髎骨持清议，憾恨遭逢成一丘。
热血经年应化碧，依然秋水望神州。

陈布雷文胆寄新新

陈布雷先生 1911 年从高等学堂毕业后，一直行走于沪宁杭三角洲。他自 1929 年 7 月 1 日起担任浙江省教育厅厅长，至 1934 年 2 月调任蒋介石侍从室第二处主任，到 1948 年自杀身亡、埋骨九溪，先后在杭任职多年，常来常往，住过多处宅院，如贝庄，如乐庐，如小莲庄，如新新旅馆……但他没有自己的花园洋房、庄园别墅，好像总是“寄人篱下”。

陈布雷生前对新新旅馆可谓情有独钟。他不仅时常去新新旅馆拜访客人，应酬往来，而且许多重要的事情也是在新新旅馆完成的。1936 年 9 月下旬，四十七岁的陈布雷由南京抵杭，参加家族聚会，祭奠母亲七十冥诞。其时，陈布雷四弟陈训慈在杭州任浙江省立图书馆馆长，六弟陈训悆在上海任《申报》总编辑兼总经理，大哥思圻也从上海赶来，整个家族的外地来客均集中下榻新新旅馆。农历八月三十日，陈家在新新旅馆旁的招贤寺设奠追荐，并摄影以留纪念。家人团聚，亦是陈家多年难得之盛会也。

时隔几月，陈布雷又至新新旅馆。然而这一次“蒋公”亲自督办的差事令他“累并痛苦着”，终生难忘。

1937年2月2日，蒋介石移驾杭州澄庐，在风景甲天下的西湖边上养病，陈布雷随侍在侧，住进杭州大华饭店。7日，蒋召陈到澄庐，命陈编述《西安半月记》，并将他在“西安事变”期间所写的日记交陈布雷重阅。所谓重阅，是指一个月前，陈布雷在溪口时曾看过一次。当时，蒋曾将邵力子与陈布雷召到身边，漫谈自己在西安“蒙难”的情形。其中，着重叙述了12日至15日的经过，以及对张学良的几次谈话要点。为了让陈布雷对自己这一段“蒙难历史”有深刻领悟，蒋将自己被囚期间所记的日记，交陈布雷携回学习。

现在，陈布雷为难了。虽然陈布雷替蒋写过各种各样的文章，诸如政论文、叙事文、演讲稿、训词、感怀、书信、函电、文告，等等，但从没有写过日记。“蒋先生，”陈布雷有点惶然地说，“我没有去过西安，对变乱经过不很清楚，恐怕难孚厚望。”陈布雷这是在推辞了。但是，蒋显得很大度，也很豪爽地说：“这没有关系的，你就照我说过的写好了。”蒋说得这样轻松，而且是这样的斩钉截铁，陈布雷不便再说什么了，只好当一回前无古人的“枪手”。

2月9日，蒋为治疗腰伤，决定移驾上海。陈布雷以“沪上烦嚣不能动笔”为辞，继续留驻杭州。当天，陈布雷从大华饭店移居西湖饭店，次日移至东方饭店，再移至蝶来饭店，均不适意，最后选中新新旅馆。2月10日，为农历十二月二十九日，即旧历除夕，俗称大年三十了。这一天本该是一个家人团聚的日子，但陈布雷为了替蒋介石写日记，一切都顾不得了。上午，他命人在室内添了一张写字桌，做一些必要的写作准备。下午，他正式着手起草《西安半月记》。因缺乏参考材料，只得一边炮制一边搜集。这一天，陈布雷绞了六个小时的脑汁，仅编造了三页纸。

2月11日，即大年初一了。从上午开始，陈布雷就将自己关在新新旅馆里，继续昨天亦即去年的功课，编造蒋先生的《西安半月记》。从1936年12月12日开始，逐日记述。12月12日、13日这两天的日记，因使用了邵力子在溪口时所提供的材料，故“信笔记来，清晰有致，殊可佩也”。这一天上午十一时半，陈的五妹夫翁祖望赶来相助，帮陈清稿。翁在浙江省教育厅工作，按教育厅规定，大年初一仍须上班，翁只好请假赶来帮忙。陈得知原委，颇为感动。

陈布雷午后小睡，未能成眠，因头晕未止，只得强起工作。晚餐时，陈布雷与翁祖望以酒对酌，亦表示苦中作乐之意。晚餐后，陈布雷继续撰拟。至晚九时，终于完成初稿，全文长约一万二千言。从 12 月 12 日“西安事变”发生，至 12 月 26 日蒋脱险回京，逐日记述，前后十五天，故名《西安半月记》。

2 月 12 日，陈布雷赶往上海，在沧洲饭店安排好住宿之后，即前往贾尔业爱路宋寓谒蒋，将《西安半月记》初稿进呈。次日下午，蒋召陈往谈，陈再将《西安半月记》携回修改一次，大体定稿。二三月间，陈布雷遵蒋命，几次修改润色。随后，宋美龄于 3 月间亦写成《西安事变回忆录》，宋命陈布雷一并校阅。至 4 月 11 日，两稿均定。经蒋、宋夫妇同意，陈布雷将这两本书以一万元酬金，授予正中书局三年内独家出版经销权。至此，陈布雷才算松了口气。

关于这桩苦不堪言的差事，陈布雷在后来的回忆录中仅草草数行，不愿多谈，可见其仍郁闷在胸。这年的 5 月，陈布雷因风尘仆仆于沪杭甬间，绞尽脑汁于笔墨稿纸，积劳成疾，“脑病甚剧，神思烦郁，夜则失眠，昼则畏烦”，遂又请假来杭休养，仍选择新新旅馆住下，“每日游览湖山，心境稍觉怡旷”。半月之后，陈布雷依依不舍地离开新新旅馆，又回到了南京“随侍蒋公”的位置上。

如今，新新旅馆完好，陈布雷墓仍存，人们在钦佩这位“文胆”的为人才华时，也深为他的“愚忠”所叹惜。

赞曰：拙笔踌躇常畏咎，不谋国事敢叨恩。

登皋徒惹渊明笑，偷眼湖山暂忘烦。

/ 约翰·杜威（1859 年—1952 年），美国哲学家和教育家，实用主义哲学的重要代表人物

杜威抵杭：为西湖涨“西潮”

1919 年 5 月 8 日中午，新新旅馆有一桌重要的饭局，浙江知识界在此宴请美国人杜威。宴席上，一桌人品尝着西湖名菜，啜饮着绍兴黄酒，互相传递着重要的信息，其中既有北京五四运动的消息，也有美国的哲学观点，还有俄国十月革命的情况……客人们相互交流，各取所需，场面热烈。

杜威何许人也？他是美国实用主义哲学大师、教育家，也是 20 世纪上半叶对中国影响最大的西方学者，在近现代中国教育文化领域占有重要地位的胡适、陶行知、蒋梦麟、张伯苓、郭秉文、陈鹤琴等名家大师都是他的弟子。

杜威博士学识渊博，一生著述丰富。作为一名享誉世界的著名学者，

他曾应邀到世界各地演讲或讲学。1919 年年初，杜威由哥伦比亚大学派往日本东京帝国大学讲学。他原先并无访华的计划，但当时中国正处于新文化运动的高潮，渴望新知识新学说的中国知识界，特别是杜威的在华弟子，获知杜威的行踪后即开始酝酿请其来华讲学事宜。不久，胡适与蔡元培、陶行知、蒋梦麟等商定，正式邀请杜威来中国讲学，并由胡适致信在日本讲学的杜威。对于中国方面的邀请，杜威十分高兴，欣然应允。

4 月 30 日，杜威夫妇及其女儿罗茜乘船抵达上海，江苏省教育会代表蒋梦麟、北京大学代表胡适、南京高师代表陶行知等人前往码头迎接。对此，胡适在 5 月 3 日写给蔡元培的信上说："杜威博士夫妇于 30 日午到上海，蒋梦麟、陶行知与我三人在码头接他们，送入沧洲别墅居住。"

5 月 5 日，杜威由蒋梦麟陪同到杭州游玩。在杭州下榻新新旅馆，一共住了六天。杜威住在新新旅馆的几天里，行程满满当当，应接不暇。根据史料和当事人的回忆，杜威一行在新新旅馆的行踪如下：

五日，杜威到达杭州时，基督教杭州青年会总干事、美国人鲍乃德及浙江省立第一师范校长经亨颐等前往城站火车站迎接，随即赴鲍乃德别墅聚餐，餐后安排杜威一行下榻新新旅馆，当时旅馆新楼尚未开建，杜威一行住在何庄老楼。

六日，北京爆发五四运动的消息见报，举国震动。当天晚上，浙江教育界在平海路浣纱河畔浙江省教育会大楼内宴请杜威博士夫妇，并就新文化运动和有关哲学问题展开了热烈讨论。散席后，大家又陪同杜威一行至西湖凤舞台欣赏传统戏剧，尽兴而散，杜威夫妇回新新旅馆。

七日，杜威博士在杭州进行了一次关于"平民教育"的主旨演讲，地点仍在平海路省教育会，到者不下二千人，可谓盛况空前。从下午三时至五时，杜威滔滔不绝，挥洒自如，观点鲜明，立场坚定，使听者为之动容。晚上鲍乃德再次宴请杜威夫妇。

八日，中午李垕身在新新旅馆宴请杜威，晚上经亨颐宴请杜威。

/ 1919 年杜威访华时合影。前排左起：史量才、杜威夫人爱丽丝、杜威。后排左起：胡适、蒋梦麟、陶行知、张作平

九日，杜威夫妇游湖，中午伍仲文在鲍乃德别墅宴请杜威夫妇。

十日，经亨颐邀请杜威夫妇和鲍乃德夫妇到寓所便膳，相谈甚欢。下午，大家又同去清河坊闹市区游玩，让杜威感受和领略杭城的风土人情和市井气息。接着又赴孤山西泠印社参观访问，并合影留念。如此，一“俗”一“雅”两地之游，杜威很是兴奋，算是走马观花了。

十一日，杜威返沪，杭城各界去城站火车站欢送。

杜威夫妇此次西湖之行，虽说是旅游观光，但交游甚广，亦给知识界和教育界带来了“西潮”和“新潮”的强烈冲击。尤其时值五四运动爆发，对社会的震撼更强大。从这个意义上说，新新旅馆接待了杜威博士一行，各界人士在旅馆交流思想，碰撞观点，新新旅馆也扮演了一次新思想、

新潮流、新观念传播中转站的角色，功不可没。

后来，他于1919年12月发表在《亚洲》杂志上的《中国人的国家情感》一文中告诉西方人，五四运动是“中国国家感情存在与力量的突出证明，如果还有什么地方的人对中国人爱国主义的力量和普及程度抱怀疑态度，那么这种证明就是深切而且令人信服的教训”。这个跟我们知识界对五四运动的认知不一样。

胡适说：“自从中国与西洋文化接触以来，没有一个外国学者在中国思想界的影响有杜威先生这样大。”而杜威的女儿在《杜威传》中说：“不管杜威对中国的影响如何，杜威在中国的访问对他自己也具有深刻的和持久的影响。”当然，后面的这个影响，也包含杭州的西湖在内。

或许我们还可以注目于胡适与杜威思想的异同，来为这一段学术的小史画上句号。杜威深深地受到黑格尔的影响。尤其是其中百转千回的历史复杂意识，以及具体而深切的社会人文关怀，而不是黑格尔绝对精神所流露的形而上学。黑格尔哲学的真正魅力在于它强大的综合逻辑。杜威说：“黑格尔的主体与客体、物质与精神、神与人的综合，不止是理智的公式，它是一种巨大的释放，一种解放的作用。黑格尔对人类文化制度艺术的处理同样瓦解了一成不变的种种划分。对我有一种特别的吸引。”也就是说，在黑格尔之外、之前，西方思想有一种黑白对立、善恶区分、优胜劣汰的线性逻辑，以及征服主义、进步至上与斗争精神，背后是现代性的哲学理念，而杜威看重的是，那种对近代哲学的二元论绝对主义和先验主义的彻底批判的态度；看重的是，能够让他更多地去接纳人类社会文化和共同体的偶然性与多样性。因此，杜威内心有一种强烈的忧患意识，以及对现代性的批判的方案。这与胡适的现代主义至上是不一样的。

赞曰：格致千年未萧条，鹅湖会后新作桥。

片席翻成哲学浪，西湖此日涨西潮。

山明水秀之中的哲人照面

2008年的夏天，林毓生偕夫人往中国美院讲学。他听说胡适住过新新饭店，就想去访问。时任新新饭店董事长的徐步荣先生不仅热情款待了这位远道而来的哲人，而且为他及夫人祖锦专门订了胡适住过的房间，他们住了三个晚上。

说起林先生与胡适先生的思想交集，也真是有趣的课题。他至少写过四五篇这方面的文字。胡适是五四运动的旗手。而林先生对五四新文化运动反思的聚焦点就是胡适，所谓用“思想—文化解决问题的途径”，就是胡适的要害。简单地说，林先生的看法是这样的：第一，思想、文化、理念，这些东西并不是不重要，而是不能用一种一元化的思想与理念，来解决所有的社会政治问题，甚至包括人生的问题。第二，思想文化观念，并不是导向一个良好社会的“直接的原因”，因为，这当中还有很多配合的原因。第三，思想文化观念，如果仅仅作为一种宣传口号，一种立场，而放弃了细致的分析与冷静的讨论，那么，不仅不能解决问题，反而会引起思想的混乱。注意，林先生与前辈如胡适的对话（林先生还写过论鲁迅的好几篇文字），是“后五四”一代更学理化、复杂化、也更深刻的思想，是要对“五四”新文化进行一些学理上的梳理，这是林先生对胡适的批评。

但是林先生对胡适这个人立身处世的大节，对历史的功绩，还是有很真切的肯定，尤其是对胡适所展望的中国文化方向，他基本上是肯定的。在新新饭店住了三天，经过深思熟虑，他最后留下了一篇亲笔书写的短文，胡適之先生是「五四」啟蒙運动的領袖之一。他那些明白、清楚的著作，在我成長的年代，曾給我許多啟蒙。上一世紀五〇年代，我——当时是台大史学系本科生——曾經拜見过適之先生三次，对他平易近人的民主風度，印象深刻，心存感激。

此次有緣偕我的夫人入住新新飯店適之先生曾經住过的403室，倍感親切。

徐董事長領導下的新新，在山明水秀之中延伸了文化的遺產，可喜可賀！

林毓生

二〇〇八年六月二十二日

虽然文不长，但字里行间饱含对胡适的敬意与深情，最后慎重交给徐步荣总经理作为纪念。这篇文字十分耐读，因为，如果将其与林先生的其他论胡适的文字对读，就可以弄清楚，为什么林先生要用“试图贯通于热烈与冷静之间”这句话，来概括他自己的整个治学精神。

哲人已逝，然而林先生的思想、他对胡适和五四运动的反思、以及他因为胡适而与新新饭店结缘的故事，不仅已经成为百年新新生命史的一个部分，更融入近代中国史的深长命缘之中，如此欣悦、如此美好，与西湖湖光山色同在。

赞曰：哲人已乘青牛远，老店长留兰芷馨。
满座新风曾漾柳，长天春夜更摇星。

/ 黄炎培（1878 年—1965 年），字任之，民主主义战士、教育家，新中国成立后历任政务院副总理、全国政协副主席、全国人大常委会副委员长等职

手记仍书当日事，任之重来忆旧游

三秋桂子，十里荷花。

2000 年 10 月，杭州西湖博览会前夕，原中共浙江省委第一书记谭启龙的长子代表父亲，将一份珍贵的礼物捐赠给西湖博览会组委会。

这份礼物便是著名民主人士黄炎培先生于新中国成立初期描述西湖的诗轴手迹。先生时任政务院副总理兼轻工业部部长。

黄炎培（1878 年—1965 年），字任之，上海川沙人。1902 年，考中举人；1905 年加入同盟会；辛亥革命后，任江苏省教育司司长兼上海申报馆旅行记者。后两次坚辞北洋政府教育总长一职，决不与军阀同流合污。

抗日战争胜利后，黄炎培与张澜等创建了中国民主同盟，任中央常务委员会主任。后又成为中国民主建国会的主要创建人和领导人之一。

黄炎培虽是上海人，却视西湖为故乡。他在《西湖三十五回游》一文中这样写道："我初游西湖，时在一九零六年六月，五十七年来，共去过三十五次。解放以后，西湖成为人民的西湖了……一九六三年春第三十五回游杭小休，欣看湖山依旧，景物一新。曾参观了西湖人民公社梅家坞生产大队，在茶厂看焙茶，啜尝'明前龙井'；参观了都锦生丝织厂、西湖香料厂；访问了延龄新村……"黄老为西湖的旧貌换新颜感到由衷的高兴，并将新旧西湖做了回忆对比。

黄炎培喜欢来西湖，还与一个人大有关系。此人就是上海最大的报业资本家、西湖秋水山庄的主人史量才。

说来也巧，黄炎培经常下榻的新新旅馆离秋水山庄仅几步之遥，算是隔壁邻居，而他与秋水山庄的主人史量才夫妇是老朋友了。黄炎培长史量才两岁，他俩订交三十年，共过患难，可说是莫逆之交。

1931 年 1 月，史量才对《申报》进行了积极的改革，在总管理处设置了设计部，特聘黄炎培为设计部主任，实际上就是《申报》的智囊部门。黄炎培常常和史量才作彻夜长谈，关系非常亲密，对史量才的思想日益进步，有着积极的影响。黄炎培还推荐了陶行知为《申报》顾问，并把李公朴等引荐给史量才，为《申报》输入了新鲜血液，从而推动了《申报》言论的日渐进步。而黄炎培自己则早在 1923 年，就应史量才之请，为纪念《申报》创刊五十年，主编《最近之五十年》的《申报》纪念刊。

1931 年 9 月 18 日，日本侵略军占领我东北沈阳之夜，黄炎培在《申报》馆读到"九·一八"事变的电报，激愤不已，立刻从《申报》馆赶到哈同路（今铜仁路）史量才家里。推开客厅门，见史量才正和几个朋友在打牌。黄炎培大声呼号说："电报到了，日本兵在沈阳开火了，牌不好打了。"有个人不在意地说："中国又不是你黄任之独有的，要你一个人起劲？”黄大怒，一拳打翻了牌桌，哭着叫道：“你们甘心做亡国奴吗！”史量才立刻说：“收场吧，收场吧！”

1932年1月28日，日本海军陆战队在上海发动战争，黄炎培与史量才等立刻全力积极支持十九路军抗战，并成立了“上海市地方协会”，史与黄分任会长和秘书长。史量才的爱国和抗日救亡思想愈来愈坚决，而国民党政府公然迫使十九路军撤离淞沪，又与日本政府签订了丧权辱国的《淞沪停战协定》。这使他们清楚地看到蒋介石和国民党政府对日屈膝投降，正是为了集中全力围剿苏区和工农红军。

史量才请陶行知等撰写了一系列文章，在《申报》上发表，猛烈抨击国民党政府的内外政策。这一来，《申报》成了蒋介石的眼中钉，为打击《申报》，他亲手批了“《申报》禁止邮递”六个字，使《申报》三十五天无法发送到外地。随后，蒋介石提出《申报》必须撤掉黄炎培与陶行知，并由国民党党部派员审查《申报》稿件。为了避免《申报》的巨大损失，黄炎培于1932年8月15日提出辞职。但对国民党派员审查稿件，史量才坚决拒绝。他表示《申报》宁可停刊不办。蒋介石迫于舆论压力，终于恢复了《申报》邮递。

一天，蒋介石特邀史量才和黄炎培去南京会晤。黄炎培在日记上记道：“初谈似还融洽，临别，史握蒋手慷慨地说：‘你手握几十万大军，我有《申报》《新闻报》百万读者，你我合作，还有什么问题？’”黄炎培从旁看到蒋介石脸色立变，就预感到史将遭巨祸。

西湖有史量才的秋水山庄，黄炎培也常去小住。1934年10月，黄炎培避暑来杭州杜门休息，读书有感，作一律，致史量才，意在提醒史量才。诗曰：

冷绝重阳客里天，打门风雨昼深键。未荒篱菊如人淡，得饱园蔬胜蟹鲜。白发诗翁犹殉国，碧山琴侣漫寻仙。平生总坐浮名累，小隐能令意洒然。

不意，不及一月，史量才乘自备汽车于 11 月 13 日从杭州回上海，经过浙江海宁翁家埠附近，被埋伏在公路旁的国民党军统特务狙击杀害。黄炎培悲痛万分，写了《史量才先生之生平》的悼念文章，并以诗代哭：“碧山殉国诗成谶，白日陈尸帝不知。”

整整十八年后，1952 年的 12 月，黄炎培以国家领导人的身份重游杭州时，又作一绝，题为《秋水山庄》，诗曰：

一例西泠掩夕曛，伊人秋水伴秋坟。当年壮语成奇祸，缟素词坛十万军。

一首七言绝句，不仅表达了黄老对老友的无限怀念之情，而且蕴含了近代知识人的无上尊严。如今，秋水山庄焕然一新，告慰着两位爱国志士的在天之灵。

赞曰：又发梅花三两枝，追怀伊人有新诗。
长来壮士魂归处，每忆先生泪下时。

/ 青年竺可桢

/ 老年竺可桢

竺可桢日记里的新新剪影

中国曾经出版过一些日记，如《越缦堂日记》（李慈铭）、《翁文恭日记》（翁同龢）、《鲁迅日记》、《胡适日记》等，但作者都不是科学家。就出版科学家日记而言，《竺可桢日记》（1936 年—1949 年）是第一次。

竺可桢，字藕舫，浙江上虞人。年轻时公费留美，1918 年在哈佛大学获博士学位。1936 年 4 月起，他担任浙江大学校长，直至 1949 年 4 月。新中国成立后，他担任中国科学院副院长、中国科协副主席等职，1974 年 2 月 7 日病逝于北京，享年八十四岁。竺可桢先生的高风亮节，可以用“正道直行，竭忠尽知”两句话来概括。他是我国著名的科学家和教育家，是我国科普事业、地学等多门学科和科学史的倡导者，并且是我国近代地理学与气象学的主要奠基人之一。

竺可桢在杭州工作多年，交游甚广，与新新旅馆也有很深的关系。“谈笑有鸿儒，往来无白丁。”他或赴宴应酬，或工作交往，常去新新旅馆做客。而且每去一次，都有日记文字留下，尽管只有片言只语，却也弥足珍贵。现仅从经过摘选的并非全部内容的《竺可桢日记》（1936 年—1949 年）里再“摘选”几节日记，以飨读者。

一九三七年四月二十九日 星期四 晨阴，下午三点起雨，至晚不止。

……十二点至新新旅馆应王文柏之邀中膳，到李宜之、何叔通……茅唐臣、罗英、周企虞、赵真觉诸人。宜之此来系察看塘工，余邀其至校一观水利室。……四点半宜之、何叔通来，请吴锦庆、麦里委特等协同参观水利实验室。六点半至太和园，到宜之、叔通、企虞……唐臣……诸人。膳后九点开科学社年社筹备委员会，共到九人。……

一九三七年八月二十二日 星期日［杭州］晴。

……中午至孤云草舍晤骝先，知渠肠中出血，以渠消化素不佳也。余告以南京日来情形，渠亦不主张中央研究院一哄而散，并谓浙江省政府仍照常办公，惟对于大学则主张迁移。……午后决定新生中十二名为公费生，以五十二分为及格，约占取中名额百分之四，但恐公费生多到，而非公费生则未必来。以名额计，则所取者三百七十八人中有八十人左右在 52 分以上。晚偕侠等至院中一走。……

一九四八年十月十九日 星期二［杭州］晨雨，下午雨，晚阴。

……适之偕竹生来。……适之于昨到此，明日即赴沪，住新新旅馆。……余即约适之明日在寓中膳，因允敏屡言欲一见适之于此也。……

一九四八年十月廿日 星期三［杭州］晴 院中桂花几全落。

晨六点半起，右肩头痛未愈。寄李振翩函，为介绍其向美国基金会要补助旅费（Travel grants of U.S. Educational Foundation）。十一点允敏与松松赴新新旅馆约胡适之来校。十二点适之偕郑石君来，并约步青、阮毅成……作陪中膳。膳后方一点左右在院中拍一照留念。……二点约适之在

/ 1948年，竺可桢（左一）与李四光（左三）等在西湖合影

体育馆演讲，题为《自由主义》，听者八九百人。听者大部均驻足而立，但终一小时二十分，鲜有退者，亦可知适之演讲之魔力也。……

一九四八年十一月廿日 星期六［杭州］晴

……十点半偕步青、晓峰、晓沧、允敏赴凤凰山敷文书院参加蒋百里下葬典礼。到时百里太太杜时霞等已早在。坟墓在花台中间。入穴后浙大同人设祭。在此遇邵裴子、周亚衡……诸人。十一点驱车至新新饭店晤叔谅及布雷夫人，适渠等去范村看墓地，由布雷夫人王允默之姊何育杰太太招待，详述布雷去世前情形。十二点与允敏、晓峰等至楼外楼应百里太太之招中膳。到杜时霞，蔡竞平夫妇，钱学森之父钱俊甫及百里先生之二、四、五女公子及婿黄立富等。……

注：王文柏，浙江省政府建设厅厅长。

李宜之，水利学家，中国近代水利工程先驱。

茅唐臣，即茅以升，桥梁工程学家。

罗英，钱塘江桥工处副处长。

周企虞，即周象贤，杭州市市长。

赵真觉，即赵曾珏，浙江省电话局局长。

骝先，即朱家骅，浙江省政府主席。

适之，即胡适，文学家。

竹生，银行家。

允敏，即陈汲，竺可桢夫人。

步青，即苏步青，浙江大学数学系主任。

阮毅成，浙江省政府民政厅厅长。

晓沧，即郑晓沧，浙江大学师范学院院长。

晓峰，即张其韵，浙江大学史地系主任。

蒋百里，军事理论家。

邵裴子，前任浙江大学校长。

布雷，即陈布雷，蒋介石侍从室二处处长。

蔡竞平，杭州电厂总工程师。

钱学森，力学家。

赞曰：当年黑发招摇过，岁似飞轮月如梭。

　　　唯有西湖容貌在，依稀记得旧时波。

天涯归客陈学昭

以一部长篇小说《工作着是美丽的》而名闻遐迩的陈学昭，在 20 世纪 50 年代，与当时的浙江省委招待所——新新旅馆有着一段不解之缘。她以新新旅馆为住所，上茶乡，下农村，进学校，搞创作……留下了一段段那个年代的“浮沉杂忆”。

陈学昭原名陈淑英，祖籍海宁盐官，1906 年出身于一个书香门第，从小便断文识字善吟赋。1924 年元旦，她发表的第一篇作品《我所希望的新妇女》，就用了“学昭”这个笔名。因为她自幼喜读《昭明文选》，也因为家乡有昭明太子读书之处。

陈学昭从 20 世纪 20 年代起就在中国文坛崭露头角，是与谢冰心同时受到世人关注的为数不多的“五四”时期的女作家之一；她 1927 年头戴贝雷帽去法国留学，获文学博士学位，并任天津《大公报》驻欧特派记者；她出国前后与鲁迅、茅盾、邹韬奋、周建人、郑振铎、周恩来、李富春、林伯渠、邓颖超等都有较深的交往；参加过延安文艺座谈会的她，著有《延安访问记》《工作着是美丽的》《土地》等作品。

1949 年夏天，陈学昭这位常年在外的“天涯归客”回到了故乡，回到了杭州。她见到了中共浙江省委第一书记谭震林，把中央组织部的介绍信交给了组织。紧接着，陈学昭坚决要求去农村工作，下到了杭县的义桥乡。在此后的几年间，陈学昭虽然短期住过其他一些地方，但新新旅馆一直是向她这位名作家敞开大门的。从她 1981 年出版的《浮沉杂忆》一书中，我们可以看到她与新新旅馆“千丝万缕”般的关系。

“我经医师诊断，也患了疟疾，医师给我配了些药，回来，由省委组织部介绍，住进了当时省委的招待所新新旅馆。过了两天，我的病变得很有规律了：隔天发冷发热，像我还能记得起来的童年患的寒热病——疟疾。省委机关的医务所离新新旅馆很近，医师来给我诊治，并给我一些奎宁。”

“暑假一开始，我就离开了这学校，这是在谭政委决定我到那里工作时，我曾提出要求，说定快要进行土改时离开学校。这好像对工作有点讨价还价，确实这是我第一次这样做。我又重新回到招待所——新新旅馆住，恢复了包干制。”

“回到杭州，到省委组织部报到后，组织部介绍我住到里西湖新新旅馆——省委招待所。那是一间朝南的房间，窗外是一个大阳台，面临西湖，站在阳台上，整个西湖都在眼底。”

“在军区招待所一同吃午饭，饭后把我送回新新旅馆。近晚，伯钊（杨尚昆夫人）同志来了，她看我躺在床上，移了一张凳子坐在靠近床前，对我说：‘陈毅同志要我劝你和我们一同到北京去疗养，你病得这样，怎么还能在龙井村！’我笑着说：‘很快会好的！’‘怎么能瞒得过我们，你连腰都直不起来，还能山上山下跑？你准备一下简单的行李吧！明天一道坐车去北京！’接着，她说：‘现在和我们一起去吃晚饭。’我起床，草草梳洗一下，就和伯钊同志出门，她的车子在等着。两个人到了军区招待所，见过陈毅同志和聂荣臻同志，四个人便都往食堂走去。桌上还和午饭时一样，两个简单的菜和一个汤，可是聂荣臻同志很风趣地对我说：‘吃这个好菜！’一边把一碗三条油煎小鲫鱼推到我面前，接着，他说：‘这是陈毅同志今天下午在西湖钓起来的鱼呵！’陈毅同志高兴地笑了。……接着，陈毅同志和聂荣臻同志、伯钊同志劝我和他们一同到北京疗养，我再三说服他们，如果我觉得不行，一定回杭州休养医疗，不在龙井山上山下跑了。终于他们同意了，然后让一位警卫同志把我送回新新旅馆。”

从上述文字中可以看出，当时，作为省委招待所，新新旅馆经济上实行的是包干供给制，住宿的客人则是具有相当职级地位的各界名人，陈学昭就是其中的一位。

赞曰：西湖斜日影森森，万物芳华寂且暗。
赖有归来风雅客，敢提彩笔写浮沉。

竹内采风入画

1920 年 4 月 9 日一早，新新旅馆何庄老楼的门前车拥马喧。头一天刚入住进来的九名日本游客携同翻译，前后乘上早已等候在门外的车轿和骡马，前往岳庙和灵隐寺观光。他们携带的两架沉重的照相机，是当时最高档的美国产格拉弗莱克斯（Graflex）。这一行人中的重心人物，是时年五十六岁的日本画坛巨匠竹内栖凤。

竹内栖凤 1864 年 11 月 22 日生于京都，本名竹内恒吉。十七岁时起师从幸野楳岭，继承圆山四条派的传统绘画风格。1900 年游学欧洲，开始吸取西方写实的绘画技法。自日本文部省的美展开设起，他一直出任审查委员，并前后担任过京都绘画专门学校教授、帝室技艺员、帝国美术院会员等职，为举世公认的日本京都画坛领袖。与活跃于东京的横山大观并称为日本画坛的双璧。1937 年竹内栖凤与横山大观一同获得第一届文化勋章。1942 年去世，享年七十九岁。竹内栖凤一生留下了大量的绘画精品，为近代日本画做出了巨大贡献。其门下还培养了上村松园、西山翠嶂、西村五云、小野竹乔、土田麦仙等众多的画界英才。

竹内栖凤自壮年时期开始研究汉画，因此，游历中国探访东方绘画源流，是他长期以来的夙愿。尤其是他对日本狩野派山水画中绘有佛塔的作品情有独钟，认为“追溯日本画的传统，其本源自然在中国。那些有佛塔入画的狩野派作品，显然是从中国流传而来的。所以我想，只要去中国，就一定能够从塔影耸立的风景中得到真情实感”。

于是，竹内栖凤于1920年4月和1921年4月游历了中国的上海、杭州、苏州、南京、镇江、扬州、郑州、洛阳、北京等城市，两次共计四个多月的时间。每次出行，他都带着长子竹内逸及门下弟子。1920年旅行之前，他事先将两万日币汇入上海的银行作旅途费用，而当时日本首相的月工资不过千元。

竹内栖凤一行来到杭州，是在1920年4月8日至13日间，同行者包括其弟子西山翠嶂、大矢峻岭等，一行共九人。当时从上海到杭州，乘火车只需四个半小时。而竹内栖凤为了观赏沿途风光，专门租用了游船“吴淞”号由黄浦江进运河，经过二十几个小时的水路抵达杭州城外拱宸桥码头。靠岸后，一行人径直前往早已订好的新新旅馆。

竹内逸在1927年出版的《中国印象记》中，不仅完整描述了两次旅行的经过，对当时的新新旅馆也有详细的记载。

我们住宿的旅馆，是坐落在草丛、绿柳和洋槐中面朝孤山的新新旅馆。虽为一座欧式旅馆，其建筑中不失中国人特有的禀赋。红砖、进口床、阳台、藤椅、弹子房、进口啤酒、暖房、烧麦、叉烧、红烧鱼、中国美人画、楹联、狭小的卫生间、临近厨房的水深五寸且无遮拦的浴堂……

坐在房间阳台的藤椅上，能看到西湖的湖面。眼前是孤山及湖心为三潭印月的小岛，远处的对岸是夕照山雷峰塔。从门前的道路而出，向左

/ 竹内逸《中国印象记》中竹内栖凤创作的插图《杭州断桥》

是断桥，向右是西泠桥。向后看则是宝石山，山岭上是如同上野公园的古木枯枝一般的保俶塔。

书中还回顾了乘坐画舫游湖观景时的情景。“新新旅馆门前的柳荫下，总是坐着等候客人的船夫。船夫是一个渔樵问答的模特般的老人，叼着长长的烟袋在等着我们。这个总是一脸笑容的老人在我们走出旅馆时就开始向我们微笑，我们乘上船后更是笑容满面。画舫伴着老人合不拢嘴的笑容开始划动。这里的画舫与南京秦淮的画舫不同，船上安装着黄铜扶手，覆盖着白布的遮阳篷。”

竹内逸还特别提到“新新旅馆的餐厅俨然是一座中国菜的宝山，尤其是此处的红烧桂鱼最为可口”。竹内栖凤在出发之前，特意邀请有过多次访华阅历的画家桥本关雪来到家里,向大家传授在中国旅行的必备知识。桥本关雪叮嘱他们，在中国吃鱼时切不可抄底翻身。多行水路的一行人始终牢记这个中国式的忌讳。但在新新旅馆品尝到的不能翻身的“红烧桂鱼”，不仅没有影响食欲,其味道之鲜美反而给来西湖采风的画家们以深刻印象。

杭州西湖的秀丽景色及中国江南水乡的特有风情，更是令竹内栖凤深受感染。回国后他立即创作了描绘断桥周边民居的作品《熏风行吟》（1920），并以此画参加了第二次日本美展。此外，他还根据旅行期间的写生，相继创作了《江南春寺静》（1921）、《扬州城外》（1922）、《南国风物》（1926）、《城外风薰》（1930）等为数众多的中国江南题材的画作。其中很多作品都以佛塔或石桥为空间表现的主体安排构图，并运用水墨画中的晕染手法，展现出南国水乡润泽的空气中孕育出的人与自然的和谐与安宁。

竹内栖凤的长子、美术评论家竹内逸回顾说，仅竹内栖凤创作的中国题材的作品，完全可以办一个百幅佳作的美展，并且评论道：“在中国的旅行，不论就取材方面，还是就思索东方绘画、深化涵养、开阔胸襟等方面，对其人其画的巨大收获在栖凤八十年绘画生涯中，与西欧游学一样，具有划时代的意义。”

最新研究表明，1920 年竹内栖凤在北京期间结识了与他同龄的齐白石。竹内栖凤的后人至今还保存着齐白石为竹内栖凤篆刻的相当数量的石材印章。

赞曰：跋涉江南图画真，熏风细雨更相亲。
丹青染点炊烟色，描绘人间别样春。

缅怀秋瑾，芥川观光忧时

在莅临新新旅馆的海外文豪中，在亚洲乃至世界文坛最享有盛名的是芥川龙之介。对他而言，新新旅馆成为他体验西湖、洞察中国社会的一个重要窗口。同时，他也用精湛的文字记录下了20世纪20年代初西湖的历史风貌。

1921年3月至7月间，芥川龙之介接受大阪每日新闻社的派遣来到中国，当时他只有二十九岁，但在日本文坛已是备受瞩目的小说家。1921年5月1日，在大阪每日新闻社上海支局记者田村孜郎的陪同下，芥川龙之介从上海乘火车来到杭州。在开往杭州的车窗之外，临水的人家前石拱桥高耸，乌篷船三三两两停泊岸边。江南一带的晚春风情，已使他“切身体味到了置身中国的心境”。

杭州是继上海之后芥川龙之介造访的第二个城市。上海浓厚的无国籍色彩和极度的西化程度，令这个东京帝国大学英国文学科毕业，却心仪中国传统文化的青年小说家感到惊异。这也使他更加期待能够在杭州领略到富于特色的中国传统景观。然而1921年的西湖，许多景点长期荒废或者正在修缮。与之形成鲜明对比的，是雨后春笋般新建起的华屋洋楼。杭州已名副其实地成为“上海的后花园”。在这一层意义上，“西人尤乐之”（《西湖游览指南》）的新新旅馆，无疑也是当时的中国“西风渐进”、国门洞开的见证和缩影。

芥川龙之介的杭州之行，详细地记录于他回国后撰写的《江南游记》，后来收录为单行本的《中国游记》。《江南游记》共十二个章节的杭州见闻中，其主要舞台之一便是新新旅馆。他乘坐的火车到达杭州车站已是傍晚七点。在站外拉客住店的人群中，“当新新旅馆派来的引导者终于身穿一身稍嫌怪异的西装出现在我们面前时，坦白地说，心中还是一阵惊喜。”按照引导者的引导，芥川和田村孜郎分别乘上黄包车，忍着饥饿走了一段很长的夜路。当经过了日本领事馆后，黄包车缓缓顺坡下行。

“于是，西湖微明的水面渐渐出现在我们面前。西湖！这一瞬间我的心中陡然涌起了一种置身西湖的真实感受。烟色茫茫的水面上，一道窄窄的月光从云端开裂处的半空中倾泻下来。斜斜地横在水面上的一定是苏堤或白堤。在堤上隆起一个三角形，是耸立着的一座石拱桥。这种美丽的银色与黑色交织成的画面，是在日本根本无法看到的。在摇晃的车上，我一直直挺挺地绷着身子，久久地凝望着西湖。”

“此后不到十分钟，我们终于抵达了新新旅馆。难怪这家旅馆名为‘新新’，终究是一家西式旅馆。不知是否因为我们是东洋人而被轻视的缘故，我们跟着中国服务生从背后狭窄的楼梯走上楼去看我们所住的房间，发现为我们安排的是格局和位置都不理想的二楼里的一间。首先，狭小的房间里并排放着两张床，完全是中国式旅馆的样式。此外，格外重要的房间位置，恰好在楼背后的一个角落，根本无法坐在窗前奢侈地眺望西湖美景。不过，因为早已被黄包车、饥饿和浪漫情调折磨得疲惫不堪，所以一坐到房间的椅子上，才终于渐渐恢复了一些活着的感觉。”

进位置并不理想的二层房间后，芥川和田村立即吩咐服务生准备晚餐。这期间有一个小插曲，端来晚餐的服务生用中国话向他们索要带孔的钱币，用作马甲上的衣扣。“仔细一看，原来这个服务生所穿的马甲上，扣子用的都是带孔的钱币。”当年的服务生，用这种奇思出来的装饰显示自己见多识广的特殊身份，令人莞尔。

“我们吃完饭后，下楼来到了楼下的大堂。但是那里除了装着照片

/ 芥川龙之介写于新新旅馆的手迹

/ 芥川龙之介在早年的杭州楼外楼用餐

的匾额和一些廉价家具之外，一个客人也没有。走出大堂的大门一看，五六个男男女女的美国佬正围坐在台阶上的桌前，一边狂饮一边放声高歌。特别是那个秃头的先生，抱着女人的腰，和着音乐的节拍，好几次都险些连人带椅一块倒在地上。”

“大门外的左侧，搭建着一个玫瑰花棚。我们伫立在花棚下，仰望着细细的绿叶簇拥着的红红的花朵。玫瑰花在远处灯光的微微映照下，散发着幽幽的芳香。当注意到花朵上不知何时染上了滴滴露珠时，才发现阴暗的夜空中已下起了蒙蒙细雨。玫瑰、微雨、孤客之心——这些要素或许可以凑成诗句了，但在近在咫尺的旅馆大门内，喝醉了酒的美国佬正在大声喧哗。这令我实在无法能够像《天鹅绒之梦》的作者那样沉溺于浪漫之中了。”

《天鹅绒之梦》的作者，指的是三年前来到杭州的小说家谷崎润一郎。唯美主义作家谷崎润一郎以西湖为背景，创作了浪漫情调十足的《西湖之月》。芥川龙之介在游记里表现出来的意欲超脱现实、沉湎于浪漫情调的冲动，既来源于他自己的真情实感，同时也隐含着对浪漫主义崇尚者谷崎润一郎的暗下调侃。正如上面这个段落所象征的那样，在新新旅馆的门前，一边是西子湖畔梦境般的浪漫氛围，一边是无法视而不见的冷酷现实。在“浪漫”与“现实”的撕扯之下，与西湖初遇的芥川龙之介，不得不宣告了与“浪漫主义”的诀别。

“但是，命运对我的浪漫主义十分残酷。这时，突然有人晃晃悠悠顺着石阶而下向门口走来，是那个秃头的美国人。听到同伴跟他打招呼，他就打着奇怪的手势示意，还恶狠狠地回答着‘bloody’（他妈的）。上海的洋人常常用‘bloody’代替‘very’（非常）使用，这已经足以令人不快。不仅如此，那个秃头的美国人走到我们旁边一停下，就马上背对着大门，旁若无人地撒起尿来。”

“浪漫主义啊，见你的鬼去吧！我和醉意陶然的田村君折回到人影

萧瑟的大堂，心中燃起了十倍于水户浪士的‘攘夷’之火。”芥川龙之介以小说家的眼光，从醉酒的美国人旁若无人地在门口小便的一幕中，看到了西方人在西湖的专横跋扈。与其说是那个美国人的野蛮举动令他不快，毋宁说是在中国社会已被半殖民地化的时代背景下，西方列强在中国土地上的不可一世令他愤慨与不平。

苏小小墓和秋瑾墓在西泠桥畔咫尺相望，一端记载了中国传统的诗意浪漫，一端诉说着中国近代的血雨腥风。芥川龙之介对于这两处景观的感想，也十分耐人寻味。在他的笔下，苏小小墓已经“极尽荒凉”。他举出年少时爱读的孙子潇的诗“芳草凄迷绿似裙”说，“如今哪里都不见草色如裙的景象”。同时，他也看到在西泠桥畔的路上，两三个中学生唱着排日歌曲走过。此后他又拜谒了秋瑾墓，其感受可从如下这段隐含了殖民文化批判的言辞中辨析出来。

“如果仅此而已的话，西湖尚可比喻为稍怯春寒的中国美人。但是这位中国美人，已经被岸边随处修建的那些恶俗无比的红灰两色的砖瓦建筑，植下了足以令其垂死的病根。其实，不只是西湖，这种双色的砖瓦建筑就像巨大的臭虫一般，在江南各处的名胜古迹中蔓延，将所有的景致破坏得惨不忍睹。刚才当我在秋瑾女侠的墓前见到这种红砖砌成的大门时，我不仅为西湖鸣不平，更为女侠的冤魂鸣不平。用这样的门来做咏出了‘秋风秋雨愁煞人’并为革命殉死的鉴湖女侠秋瑾的墓门，未免让人觉得可悲。而且西湖的恶俗化，更有一种愈演愈烈之势。再过十年之后，极有可能会出现这样的场景：林立在湖岸的每一座洋楼里都有美国佬烂醉如泥，每一座洋楼的门前都有一个美国佬在站着小便。”

不论西湖怎样如“稍怯春寒的中国美人”，西湖为芥川龙之介展示出来的不是“芳草凄迷绿似裙”，反而是“秋风秋雨愁煞人”。在他的眼里，那些西式建筑体现着因列强欺凌而衰弱的中国社会的病理，于是他认为用西式风格来建造“为革命殉死的鉴湖女侠秋瑾的墓门”，是西湖乃至整个中国的悲哀。

芥川龙之介作为一介游客，能够为西湖、更为女侠的冤魂鸣不平，在入住旅馆的当晚便生出“攘夷”之火，这本身便蕴涵着某种矛盾。因为他自己也属于中国人眼里的“东洋人”，在抵制日本政府二十一条的民众运动的声浪下，他也来自中学生熟唱的排日歌曲所抵触的“夷”国。然而，面对东方与西方、中国与日本之间的错综关系与势力冲突，他却表达了与鉴湖女侠秋瑾以及已觉醒的中国知识分子的共鸣。作为一个日本小说家，何以能够如此呢？这或许能够从《江南游记》中找到解答。他曾借用日本汉学家今关天彭的一句汉诗吐露他对中国的心情——“休言竟是人家国，我亦书生好感时。”

被芥川龙之介比喻为“巨大的臭虫”的民国早期欧式风格建筑，如今已作为西湖凝固的历史遗产得到抢救和保护。“每一座洋楼里都有美国佬烂醉如泥，每一座洋楼的门前都有一个美国佬在站着小便”的不堪景象，在西湖终于没有，也永远不可能出现。但是，回到1921年的历史语境之中，我们仍然会惊叹于这位小说家以小见大的敏锐洞见，珍视他表达出的对于中国山河惨遭践踏的痛惜和忧患。

芥川龙之介游览西湖期间，从下榻的新新旅馆寄出了数枚致友人的明信片。从其中的内容里，同样也可以窥见他对西湖的真情实感。

5月2日致松冈让的明信片中写道：“西湖小巧玲珑，美不胜收”；同日致佐佐木茂索：“西湖之美，多过于纤巧，难以激发自由想象（仅雷峰塔例外）。今日游览西湖时顺路拜谒秋瑾女士墓，墓碑上题‘鉴湖秋女侠之墓’。秋瑾女士绝命诗中曰：‘秋风秋雨愁煞人’。近来我对秋瑾女士远比苏小小更加感兴趣”；5月4日致南部修太郎：“来到杭州，现正在新新旅馆的客房中豪饮名产老酒。窗外是暗无星月的西湖，已见萤火熠熠，略生乡愁”。（文/秦刚）

既有左翼作家芥川龙之介的愤恨不平，也有唯美派作家谷崎润一郎的深情婉转，西湖以她千年不变的春风秋雨，包容了一切。

赞曰：芥川悲悯秋风意，谷氏喧阗梦境情。
万载西湖杨柳碧，千年世事几曾惊。

儒商世系，刘家成嘉业

南浔刘家，浙人耳熟能详。刘家在杭州西湖的庄园别墅，除了刘湖涵的孤云草舍外，还有刘锦藻的坚匏别墅、刘承干的留余草堂、刘梯青的小方壶别墅，等等。刘家的西湖别业，不仅建筑美轮美奂，而且这些老房子都蕴涵着一个又一个的历史故事。

自清道光二十二年（1842 年）鸦片战争中国战败后，上海被辟为通商口岸，太湖南岸的南浔镇就成了湖丝贸易的重要集散中心，在全国生丝出口贸易中居于举足轻重的地位，南浔经济由此达到了空前的繁荣，南浔也因此以江南蚕丝名镇而载誉国际。

到了清同光年间，南浔富商们的总资本已经可抵清政府一年的收入，人称“四象八牛七十二狗”。在被称为“象”的刘、张、庞、顾南浔四大家族中，刘镛家族财产居首位，竟达二千万两白银之多。清末南通籍状元、实业家张謇曾说：“自咸同以来，东南富商最著称者，而能以风义自树立于当时者，于浙得三人焉：若杭州之胡（雪岩），宁波之叶（澄衷），而其一则湖州南浔刘氏……原南浔一天下之雄镇，已莫不闻刘氏。”由此可见南浔刘家在清末就已富甲一方，闻名遐迩了。

刘家除致力于发展传统的蚕丝贸易外，还在上海、杭州、南京、武汉、长沙、苏州、南通等地投资房产、船运、电力、铁路、茶业等实业，在通州大面积购买河口海边滩涂，围海造田，建立垦牧公司；与张謇合办上海大达轮埠公司，并经农工商部奏派为总理；在武汉投资兴建了暨济水电公

/ 刘氏家族1947年全家照，前排坐者右起第六人为刘湖涵

司（即汉口水电厂）。1905年，为抵制英美商人企图以铁路借款为诱饵，掠夺苏杭沪铁路与浙赣铁路之权，他与汤寿潜合作，约集浙江绅商，拒绝英美借款，创办了“浙江铁路公司”，刘家以个人名义或以堂号名义认购股权一万元以上者达二十人，共为该公司集资近一百万元。汤寿潜与刘镛次子刘锦藻担任正副总理，沪杭铁路遂赖以于1909年建成通车。1907年著名的浙江兴业银行成立时，刘锦藻又是主要股东之一，这家银行始终以振兴民族工业为己任，江南一带著名的民族工商业以及官商合办的大型企业，如汉冶萍公司、轮船招商局、恒丰纱厂等，无不与其有着密切的联系，不少企业正是由于该银行的支援，才免遭倒闭的厄运。刘锦藻遂成为江南著名的大腕人物，声誉甚隆。

刘锦藻的儿子便是中国近代著名藏书楼嘉业堂的主人、被鲁迅先生称为“傻公子”的刘承干。鲁迅先生在《病后杂谈》里曾提到他到刘家去买书的一段经历：“到嘉业堂去买书，可真难。我还记得，今年春天的一个下午，好容易在爱文义路（今上海市北京东路泰兴路口）找着了，两扇大铁门，叩了几下，门上开了一个小方洞，里面有中国门房、中国巡捕、

白俄镖师各一位。巡捕问我来干什么的。我说买书。他说账房出去了，没有人管，明天再来罢。我告诉他我住得远，可能给我等一会呢？他说，不成！同时也堵住了那个小方洞。过了两天，我又去了，改作上午，以为此时账房也许不至于出去。但这回所得回答却更其绝望，巡捕曰：‘书都没有了！卖完了！不卖了！’我就没有第三次再去买，因为实在回复的斩钉截铁。”要让鲁迅这位文学巨匠两次吃闭门羹，看来这位“傻公子”也非等闲之辈。与很多江南富户子弟不同的是，他沉溺于传统文化之中，加之又拥有万贯家产，刘承干于 1910 年开始了他的搜书生涯。二十年后，藏书约达一万三千部，十八万册，六十万卷之多。因此他被誉为“民国私人藏书第一人”。

嘉业堂的藏书，合流众长，兼收并蓄，几萃北京及江浙等地藏书家之精华。刘承干不但以搜集古籍闻名遐迩，而且以雕版印书蜚声海内。他既是著名的藏书家，又是卓有成就的刻书家。自 1913 年至 1933 年的二十年间，刘承干先后刊刻了《嘉业堂丛书》《吴兴丛书》《求恕斋丛书》《留余草堂丛书》《嘉业堂金石丛书》等丛书，以及《章氏遗书》《旧五代史》《景宋四史》等单行本，数量之巨，为近代所罕见。刘承干为人慷慨，喜与文化名流结交，曾创办“淞社会”，广交文人。近代文化名流、学术泰斗如吴昌硕、王国维、罗振玉、缪荃孙、张元济等，都是刘家常客，并是刘氏嘉业堂聚书、刻书的积极支持者。嘉业堂的许多刻本，就是由这些学术大师亲自校勘的。

1949 年解放军解放江南时，周恩来同志还特别指示第三（华东）野战军司令员陈毅派部队保护嘉业堂藏书楼。1951 年 11 月，刘承干将藏书楼及庭园全部捐献给了浙江图书馆。

赞曰：话到南浔卖赋郎，兴荣富贵凭何方？
　　　蚕丝吐露春风意，只与诗书共短长。

/ 南浔首富，著名实业家、慈善家，清光禄大夫，刘家基业的创始人刘镛（1825 年—1899 年）

房产业湖涵合弄潮

南浔“四象”之首的刘镛共有四个儿子：刘安澜（紫回）、刘锦藻（原名安江，字澄如）、刘安泩（梯青）、刘安溥（湖涵）。和中国所有的封建大家族一样，在刘老太爷去世十年之后，刘家也照例进行了兄弟析产，除南浔小莲庄仍作为义庄（包括家庙及维持家庙开支的田产和房产）为四房共有外，四兄弟另外各得其所。于是，四兄弟各自有了自己的堂号，大房叫尊德堂，二房为贻德堂，三房是崇德堂，四房叫景德堂。

四家堂号不仅在故乡南浔各有着自己的大宅门，有着自己的土地和账房间，同时在上海、杭州、南京、武汉、青岛、扬州、徽州（今黄山市）等地，还遍布着目前几乎无法确切统计的房地产、典当铺、盐场、商行和花园洋房，这很能说明这个家族达到鼎盛时的规模。

刘家实业从刘镛起，至下一代继续发展，已很有规模，尤其是四房景德堂刘湖涵，驰骋商场，纵横房产，成为房产界的巨头之一。抗战之前，仅刘家四房的“刘景德经租账房”出租的房屋，就有七百多栋，每月的房租收入达五万元以上。

到了新中国成立后公私合营时，刘家的房地产更不知凡几。现在仅知道，作为四房的刘湖涵成了上海市卢湾区房产管理部门的职员，开始了“吃”定息的生活，他的名下定息一个季度就有四万元，一年就是十六万元。20 世纪 50 年代的十六万可是一个天文数字。据刘家后代透露：“1956 年全面公私合营、清产核资时，刘家四房景德堂的房地产是上海市最多的，共四百七十六万元。故而季雅叔就转到上海市房地产管理局当科长。”刘家仅一房的产业就如此，四房的总体规模可类推而知。

刘湖涵在西湖的别墅就是“孤云草舍”，位于北山街上，所谓“草舍”其实是一栋漂亮的西式三层洋楼。西班牙式的内廊拱形外观，一层层整齐地排列，在湖边的山脚下，分外醒目，远比周围的秋水山庄、抱青别墅等有气魄。所以，民国时期曾任浙江省政府民政厅厅长、《三句不离本杭》的作者阮毅成这样写道：“屋系砖造的红色洋式楼房，因建筑较高，故在湖滨就可以望到。民国二十六年，朱骝先（家骅）先生任浙江省政府主席，以与屋主是同乡，故借住在其中。抗战发生后，许多重要的会议，也在此屋举行。我当时曾笑说既非草舍，也不是孤云。屋主题名，未免不实。朱先生说，孤云系因隔水与孤山相对，而山上有‘孤山一片云’五字石刻。至曰草舍，乃属谦辞。”

刘湖涵自幼身体欠佳，人极忠厚，有人来向其求助，没有不答应的，所以也有人说他有点“傻”。可是刘湖涵“傻人有傻福”，他有一个极其

/ 刘湖涵怀抱刘承桓，与堂兄兼管家刘安仁合影

能干的堂兄为其经营管理家业，所以尽管他本人身体不太好，儿子也只有刘承桓一个，但家业仍然开发得很红火。20 世纪 50 年代公私合营后，一年的定息能有十六万，少不了他的这位能干的管家，即原先刘镛时代的总会计、他的堂兄刘安仁（颂骀）的功劳。

刘湖涵是个福人，他一生喜欢看书，收藏字画，房地产托给堂兄刘安仁打理。刘安仁平素总是一袭长袍，话语不多，但眼观六路耳听八方，对市场行情了如指掌，遇事精明善断。他年轻的时候就是刘镛的助手，年老了又为刘家四公子刘湖涵做事，可谓两代老臣，功不可没。

赞曰：求田问舍愧刘郎，朽木愚夫何谬狂。
　　　岂会渔舟范蠡意，侠心一点待思量。

旧时海外赞颂，入耳犹新

1922年新新旅馆五层新楼的落成，在该旅馆1913年创业之后的历史上，无疑具有承上启下的标志性意义。而此前的九年间，一直由二层的何庄老楼单独支撑着新新旅馆的经营。其实在这九年间，新新旅馆就一直居于西子湖畔高档旅馆之首，并且已经声名远扬，迎来了创业史上第一个黄金期。

因当时的留宿者多为海外人士，所以在海外的资料中，往往能够探寻到早期新新旅馆的踪影。由于具有相同的文化渊源、早期来华旅行者中文化界人士众多等原因，日本对此的资料所记最详，也最为准确可信，其中很多资料可以起到拾遗补缺的重要作用。

在日本文学家中，谷崎润一郎是20世纪10年代率先来到中国的前驱者，也是迷恋西湖程度最深的小说家。1918年10月，他用三个月时间自费游览中国，11月底从上海来到杭州。回国后他创作了一系列取材于这次旅行的作品，其中小说《西湖之月》《天鹅绒之梦》和剧作《苏东坡》等都是以西湖为故事发生的舞台。

下面是发表于1919年6月《改造》杂志的《西湖之月》中的一个片段。

于是，我在下午两点半钟乘上了从上海北站开往杭州的列车。

“我想去杭州，那里的旅馆哪一家最好呢？那里一定没有西方人或日本人经营的旅馆吧？”我用生硬的上海话向邻座询问。

“是的。”用象牙制的烟嘴吸着威斯敏斯特牌香烟的男人，将胖脸上鼓出的双眼慵懒地睁开，说道，“洋人经营的旅馆虽然没有，但在中国人的旅馆中又清洁又气派的有很多。和西式旅馆完全一样，所以从上海去的西洋人也都住在那里。最近在西湖的湖畔新建了一处新新旅馆，此外还有清泰旅馆，这两个地方是最好的。新新旅馆的房间大，景观也很好。稍有不便之处是离车站比较远。”

小说里的这一段，简直可以视为新新旅馆的一个活生生的广告。这位中国大亨的形象或许经过了小说化的处理，但他提供出来的信息应该是客观准确的，可能直接来源于作者的观察或见闻，并无虚构的成分在内。因为，谷崎润一郎在杭州入住的是清泰第二旅馆，《西湖之月》的故事也发生在那里。所以，谷崎润一郎没有任何必要在小说中夸大新新旅馆的档次。

若以为小说家言不足凭信的话，那么，一部由日本人撰写的旅游指南，恰好可作佐证。两相对比，我们会发现对新新旅馆的评价和定位基本一致。这本旅游指南是日文版《江南的名胜史迹》，1921 年 3 月由上海日本堂书店发行。作者池田桃川是长期驻华的读卖新闻社上海特派员，因酷爱旅游，所以编写了这部最早的系统介绍中国江南的日文导游书籍。芥川龙之介在 1921 年 5 月游览西湖下榻新新旅馆时，就随身携带了这本书。

以下是该书“中国旅行者心得”一章中关于杭州旅馆的介绍：

一般住湖畔的湖滨旅馆、聚英旅馆即可，价格较便宜，地点也很好（距城内和西湖都很近），而且房间干净，有能讲日语的服务生。若吃西餐，则有新新旅馆。这里是西湖岸边一流旅馆，所以价格高昂，设施与服务俱佳。保俶塔下，俯临湖面，从旅馆眺望的景致为湖畔周边之冠。去城内稍有不便，乘车需二十分钟。

/ 池田桃川《江南的名胜史迹》，1921 年 3 月上海日本堂书店出版。

讀賣新聞
上海特派員　池田桃川著

江南の名勝史蹟

上海　日本堂發兌

/《江南的名胜史迹》中关于杭州旅馆的介绍

杭州　普通湖畔の湖濱旅館、聚英旅館などがよいやうだ、比較的安價なる上に場所もよいし(街に近く又湖に近い)室も奇麗だし、日本語を話すボーイもゐる。西洋料理が欲しければ新々旅館がある、此は先づ西湖畔一等旅館であるから高い丈けに設備も待遇もよい。保叔塔の下方、湖畔に臨み、館上よりの眺望は湖畔中第一である、街まで行くには一寸不自由、車で二十分は掛る。

这里明确提到新新旅馆为“西湖岸边一流旅馆”。除了对馆内设施和馆外景观方面的叙述与《西湖之月》大体相同，两者还同样提到了因距离杭州车站较远而造成的交通不便。即便如此，新新旅馆依靠一流的设施、服务以及得天独厚的地理条件，始终保持了相对昂贵的客房价格。那么，当时何庄老楼的客房价格到底是多少，在同行业中又处于何等水平呢？这也可以在《江南的名胜史迹》中找到明确的回答，该书甚为详尽地列举出了杭州各主要旅馆当时的参考价格。

【旅馆】杭州车站附近——城站旅馆（Railway Hotel）（欧式、房价六元以上），华兴旅馆、清泰第一旅馆（房价一元五角至三元），其他，宁绍大通、迎宾、五和、武林、正泰、泰丰、望江等。西湖附近——新新旅馆（New Hotel）（欧式、房价四元五角以上），湖滨旅馆（Woo-ping Hotel）（欧式、房价四元以上），其他，清泰第二旅馆、湖山新旅馆、惠中、清华、聚英等（房价一元二角以上至三元）。拱宸桥——万安、亨达、长发、大通、大方等（房价一元以上至三元）

从中可以看出，截止到 1921 年，欧式风格的旅馆在杭州已有三家，其中靠近车站和老城的城站旅馆房价最高。但其交通之便，既为其长亦为其短，对于那些要在西湖观光数日的游客，那里显然不是首选。而在西湖周边的所有旅馆中，新新旅馆以每晚“四元五角以上”的标价独占鳌头。

新新旅馆的近邻、同样位于北山街上的惠中旅馆，也是湖上最早的旅馆之一。据 1914 年住过惠中旅馆的教育家俞子夷在《山村续梦》中回忆：“惠中是杭州第一等旅馆。一切设备都是新式。”但这里的“第一等”，很可能是在把欧式旅馆排除在外的前提下做出的比较。将上述资料中两家旅馆的参考价格同 1935 年出版的《西湖游览指南》中的标价结合起来可以断定，新新旅馆始终保持了惠中旅馆两至三倍的客房定价。而湖滨旅馆虽为欧式旅馆，若按《江南的名胜史迹》中“中国旅行者心得”一章的介绍，它与聚英旅馆一样，同属“一般”“即可”的范围，排在“价格较便宜”之列。

在迄今为止的有关考证中，有专家认为何庄的二层老楼设备简陋，新新旅馆在1922年新楼建成后才一举跻身一流之列，这种认识显然不够准确。1922年新楼的修建落成，应该属于经营者将营业规模进一步扩大，保持自身优势的一个举措。在同行业中，新新旅馆的声誉和地位，在此前的九年里就已经牢固地奠定下来。如果考察日本文化名人在西湖留下的足迹，小说家武林无想庵、芥川龙之介，画家竹内栖凤等都是在1922年之前来到西湖，居住的都是何庄老楼。从他们对馆内设施、服务、餐饮的记录来看，新新旅馆在所有湖畔旅店中，属于最为豪华的档次。

1920年武林无想庵新婚旅行时来到中国。这对夫妇在上海时，住的是英国人经营的著名的礼查饭店（Astor House），在北京住的则是北京饭店。武林无想庵发表于1920年8月18日《读卖新闻》的纪行文中，有一段透露出新新旅馆服务生素质的内容。乘黄包车抵达新新旅馆后，服务生用英语赶出来迎接他们。新婚妻子一边怪罪丈夫英文水平低，一边说：“这里的服务生英语真不错，要比礼查饭店的强多了。”

赞曰：口碑传颂百年清，远渡重洋播懿名。
深巷不遮香气远，蓬山阆苑尚充盈。

中国电影的春消息

2006 年金秋，当“金鸡”再次啼鸣在杭州时，当“百花”再次盛开在西湖时，时光已经晃过了二十五个春秋；当满头银发的秦怡等老影人缓缓步入西湖白堤上的“百花大道”时，岁月已经洗尽了他们的铅华，二十五年就仿佛是一声叹息，这叹息犹如二十五年前他们轻倚在新新饭店老阳台上时发出的一声感叹，如今化为“百花大道”上沉稳的脚步声，循着这脚步声，我们可以寻见二十五年前他们在新新饭店，在首届“金鸡奖”暨第四届“百花奖”上的一颦一笑……

1981 年 4 月，西子湖畔迎来了一位贵宾——八十一岁高龄的夏衍先生。这位出生在杭州艮山门外严家弄的杭州老乡，是新中国成立后第二次回到故乡杭州。夏公自从十九岁离开杭州去日本留学后，一直很少回故乡，他一生回杭州也只有八次，前后在杭州未住满两个月，但是他对故乡的感情是至深至厚的。

1979 年，浙江省影协的童本骅向来杭的中国电影家协会秘书长孟广钧提出倡议：电影“金鸡奖”“百花奖”颁奖仪式不一定都在北京举行。很快得到中国影协主席夏衍先生的同意并报中央批准，最后正式决定移师在杭州举行“双奖”颁奖仪式。

能在家乡举办这样的盛会，夏公自然高兴，他不顾八十一岁的高龄，毅然为主持电影首届“金鸡奖”暨第四届“百花奖”颁奖仪式早早地回到杭州。对于此次盛会，浙江省委、省政府也非常重视，专门从省文联、省

/ 夏衍为“双奖”会的题词，后为于伶等的签名

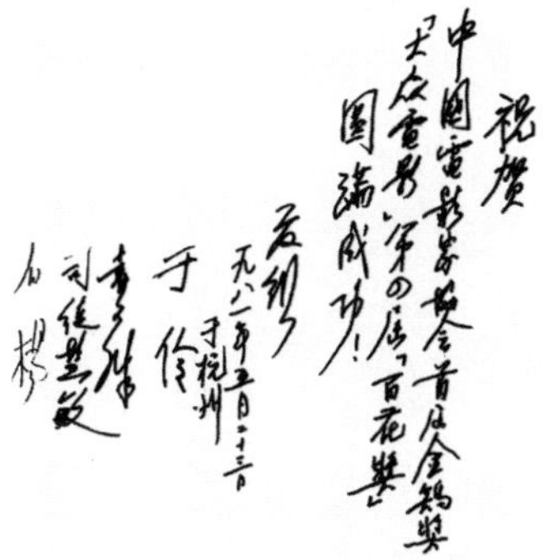

/ 与会代表的签名

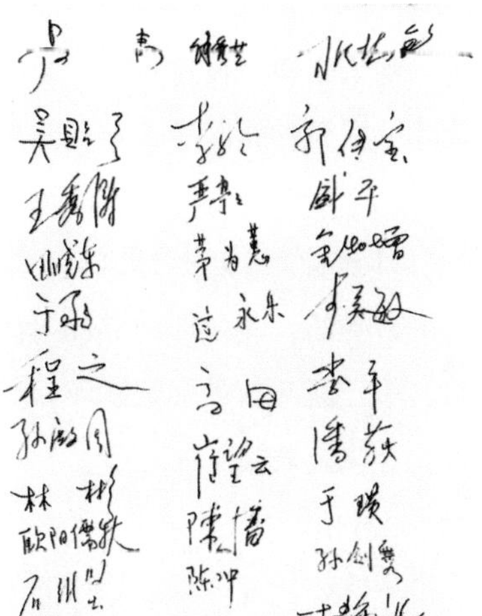

文化厅、省电影公司等部门抽调骨干组成筹备组，进驻新新饭店，专门负责此次“双奖”的日常工作。

4 月 20 日，“双奖”评委会在新新饭店董庄召开全体委员会议。夏衍任评委会名誉主任，袁文殊、张骏祥任主任委员。于敏、水华、王家乙、白杨、陈鲤庭、罗艺军等任委员，评选工作一直到 5 月 2 日结束。5 月中下旬，著名影人秦怡、张瑜、陈冲、达式常、王馥荔、刘晓庆等陆续下榻新新饭店，而夏公则成了这群明星的“追星”对象，他时常与这些电影界的新旧朋友在一起座谈。其间还应浙江《戏文》杂志的要求在新新饭店的孤云草舍夏公住处的会客厅，召开了一次题为“观众在哪里”的座谈会，参加座谈会的除《戏文》杂志社的相关人员和史行、沈祖安、王传淞、张育品、施振眉、姚剑英、高佩、高爱娟、汪世瑜、张维国等浙江戏剧界知名人士外，金山、白杨、秦怡、朱逢博、陈冲、张瑜等著名影人也参加，夏公作了题为《需要新观众》的讲话，并鼓励后辈：“要经常出去，到大城市，也到小山镇去，去听听观众对戏剧的意见……”

5 月 22 日晚，浙江省文联、中国电影家协会浙江分会举行茶话会，欢迎参加首届“金鸡奖”暨第四届“百花奖”的全体代表。会议期间，夏衍在新新饭店接待了香港电影界和新闻界人士，就当前中国电影形势发表了讲话。

5 月 23 日晚，在浙江体育馆（今杭州体育馆）举行隆重的颁奖大会。夏衍、浙江省委副书记王芳讲话，文化部副部长司徒慧敏致祝词，中国影协副主席白杨宣布获奖名单，浙江省委书记铁瑛和夏衍、司徒慧敏等给获奖者颁奖。会后由李谷一等演员表演了文艺节目。

在忙完了颁奖大会、记者招待会、茶话会、座谈会、老作家见面会之后，夏衍准备去探望离别几十年的故居。这天，接待的两辆轿车早早地在新新饭店门口停好，刚刚下楼的夏衍发现周围围了一大群人，说了一句：“怎么，衣锦还乡呀？”“大家都是闻讯赶来的，没有通知过。”陪同夏衍的

/ “双奖”会期间，夏衍与秦怡、朱逢博、陈冲在新新饭店合影

/ 夏衍（前排左三）、黄源（前排右三）、王家扬（前排左二）、司徒慧敏（前排左一）等与“双奖”会筹备组人员在新新饭店孤云草舍前合影

著名戏剧家沈祖安解释。“要么，你们去吧，我不去了。”夏衍有些生气了。其实，他只是希望静静地去找寻儿时的回忆。结果，只有一辆轿车轻车简从，悄悄地驶进了庆春门外的严家弄。当车子驶进严家弄后，夏公的眼睛像小孩般好奇地追寻着，故地重回，使得他感慨万千，也勾起了他许多回忆。他告诉儿子沈旦华，自离开家乡后，他曾两次回故乡探望过故居：一次是抗战爆发那年，向母亲遗体告别；一次是新中国诞生后的1954年，随谭震林同志来浙江视察。这是第三次探访故居。

虽然夏衍不想惊动更多的人，但听闻夏衍到来，乡亲们纷纷从田间、地头和作坊赶来，一下子把夏衍团团围住了。看到了故居和乡亲们，甚至碰到儿时的玩伴，夏衍也显得格外高兴，在故居和乡亲们合影留念。

夏衍在与故乡的亲近中，越来越明晰地感到，乡情如同他的血液，在他的血脉中昼夜不息地运转。次年5月，他又一次来到杭州，住进了新新饭店临湖的一间房间，面对着窗外绰影缥缈的云光水色，他和文艺界后辈侃侃而谈，说起甲种工业学校，说起《浙江新潮》，说起俞秀松、宣中华、张秋人等共同战斗过的同学战友。1986年5月，夏衍最后一次回到杭州。此后虽然好几次他都想再回杭州看看，但都因事务繁忙，终不得成行，但他对故乡的关爱之情却无止境。

1995年，夏衍这颗东方文坛的巨星陨落了。“我要回杭州去了”，根据他的遗嘱，他的骨灰被撒入了钱塘江，夏衍永远地融入了故乡的怀抱之中。

赞曰：天上群星渐比邻，百花肯为早春珍。
　　　金鸡已唱西湖晓，长看江南总新新。

绿幕光影，红尘新新

西湖。清晨。早春的阳光，透过浓密的常青树荫，透过新芽绽发的疏朗柳枝，轻轻地洒在葛岭山麓一座叫“新新”的饭店楼房。

我们——这座城市与电影有关的一些人，等太阳驱尽料峭春寒时刻，兴冲冲汇集于此，为这家傍山面湖、精美宜人的饭店跟文化之缘分做某些佐证。

1913 年，镇海青年商人董锡赓取“苟日新，日日新，又日新”之意，用“新新”二字命名的这家他亲手创建的饭店，于我们是太熟悉了。胡适与曹诚英，史量才与沈秋水，何庄、孤云草舍、秋水山庄……留下的逸事佳话，脍炙人口。但这一切，仅仅是受之纸面或讲解人口头的平面知识。而如下的一些亲身经历却让我们有了对饭店的感性印象。此刻，2007 年早春的这个上午，故地重游，尽管“新新”已重新梳妆焕然一新，可依然让人因熟悉而亲切！20 世纪 80 年代，这个省会城市的所有文化活动，几乎都与“新新”沾边，而我们又跟这些活动相关。尤其让我们印象深刻的是：二十六年前，1981 年 5 月，共和国在浩劫后隆重推出的第一届金鸡百花电影节在杭州举行，评委专家和影坛群星全都在“新新”下榻。评委会极端秘密的评选工作也在此进行。中国电影复苏的脚步就在新新饭店开始。（此刻回想，“新新”与中国电影重“新”起步，颇具寓意：那商汤王刻在洗澡盆上的箴言“苟日新，日日新，又日新”浓缩成的“新新”二字，不正是鼓励中国电影人弃旧迎新吗？）我们全体则与电影节同步，跟新新饭店频频接触……我本人作为文化记者兼电影迷，更是于群星活动场所和新新饭店之间兴奋地往返奔波，乐此不疲。

我们在“新新”一边巡礼，一边重拾当年情景：喏，评委会就在这间屋里开的！看，夏衍不就是坐在这里会见明星们的？谢晋同吴贻弓、石维坚、张瑜合影就是在这个阳台上……

1981 年春日的灿烂时光重现——

那年从 4 月下旬开始，新新饭店二楼一间优雅古典的会议室夜夜灯火通明。全国鼎级的电影理论家、史学家、评论家、导演、表演家们，整整十个昼夜聚集那里，对 1979 年到 1980 年银幕上露脸的国产影片各抒己见，探讨争论。关于这些评委，单单说出名字都会让人肃然起敬：钟惦（他是从医院请假出来的）、沈浮、陈鲤庭、林彬、于敏、罗艺军、张天民……他们之中有些已届耄耋之年，在文艺复兴希望的激励下重新焕发出青春。金鸡奖的一个个“最佳”，将在他们认真严格的评选中诞生……

跨进主楼一楼右侧一间房，那年 5 月 24 日晚，夏衍在此会见香港电影界朋友的情景历历在目。那夜，给我印象最深的是，夏衍对当时引起极大争议的中篇小说《犯人李铜钟》做了肯定的评价。当时有人提问可否将这部小说搬上银幕，夏衍回答：席勒说过，“愤怒出诗人”。《犯人李铜钟》就是正义的愤怒催生的说真话的小说，但要拍电影恐怕还得看群众的接受水平。

在同一层楼的另一个房间，镜头闪回：我又看见二十六年前初出茅庐的张瑜（《庐山恋》女主演），小白兔似的跳过来跳过去，只顾电视屏幕，无心对待采访的小孩子脾气（她之所以对被采访不感兴趣，可能是因为昨晚她在茶话会上被记者们铜墙铁壁似的围困弄得极不耐烦了）……

而在新新饭店外面右侧的远处湖畔，我记得，独自逃避记者的李羚（《苗苗》主演）被我“逮”住的瞬间表情：“啊！又被你们找到了！”红晕涌上了双颊。看来又是个“初出茅庐”者，但跟张瑜很有些不同。

/ 谢晋（最佳故事片《天云山传奇》导演）与石维坚（《天云山传奇》男主角罗群扮演者）在新新饭店的合影

/ 吴贻弓（《巴山夜雨》导演）、张瑜（《庐山恋》主演）、叶楠（《巴山夜雨》编剧）在新新饭店的合影

电影人很忙。采访最佳编剧叶楠，是在“新新”内外，于游览、进餐、休息之际见缝插针地断续进行的。他那用写意手法写人性之美的理念和创作风格，让我对他的《巴山夜雨》有了更深的理解。

也就是在从“新新”出来往公园去的途中，我与石维坚（最佳故事片《天云山传奇》男主人公罗群扮演者）合了影——因为他把我的“难兄”演活了，我喜欢石维坚……

这是我对“新新”和电影的美好记忆，顺便也借此为“新新”与文化的缘分作一次私人化的见证。

二十五年之后的2006年，我又以观众评委的身份参加了再次于西子湖畔举行的第十五届金鸡百花电影节活动。可惜我们的落脚点已不在“新新”。近几年高级宾馆林立杭城，文化活动的驻地转移了。

但愿有识之士不要忘记“新新”与文化的缘分。“新新”，是公认的杭州最具文化内涵的饭店。如何发掘这一人文资源，将是一项有深意的课题。

（哈米 2007年6月1日于西子湖畔）

赞曰：故事经年绿幕痕，人间恩怨展红尘。

一生清泪觉拼尽，回首新新悟此身。

后记

新新感怀

东坡名句“欲把西湖比西子，淡妆浓抹总相宜”历来广为传唱，西湖的美，古往今来已为普罗大众说得西子本身都要厌烦了，然而其胜处仍然是道不尽、说不完的。即如小年之人，亦有少年的清婉，中年的风韵，老年的成熟；何况大年之与天齐老的西湖，更是年年岁岁花月不同，每添新妆了。二月下旬，我夜游西子湖畔，早春寒风拂起西湖碧波的鳞浪，一更时候周遭几点微光在湖中闪烁，仿若胸前耀着的项链——是景想必千年如一；此时抬望不远处新新饭店嵌在冥冥夜色中的暖色调，想见几分宋时风韵，隐隐知晓晏元献公标榜富贵所引用“灯火下楼台”的意味，这便是如今西子的新妆了。新旧交映，四季各殊，就如见惯芳华的杨万里来到西湖的六月，也要彻底折服于与四时不同的芙蕖胜景，栖居此处的我数日间芒鞋踏破，早春的景色尚且应接不暇，若是妄想西湖四时皆网罗入眼，这番赏玩应当耗费年年月月了！

即使断桥游人密织，西泠桥旁寂寞一抔土的苏小小墓仍是满布游客；便是五更天鱼肚泛白，葛岭早有数丛背影拾级而上，想要领略朝阳台的风光。踏着步子，幽静禅院里总慷慨地与人一种清凉，这种幽然的况味怎不叫人同“独有幽人自来去”的句子产生共鸣？追慕前贤，摩挲字迹漫漶的摩崖石刻，这种古今一通、物我两忘的感怀在孤山里尤为清切。居临此地，丰饶的湖光山色里浸满了人文的水墨，拜见阮公祠，躬访和靖墓；看那放鹤亭的《舞鹤赋》，走过西泠印社的阶梯。太多的笔墨文章是否让这片土地觉得拥挤，移步换景满目缤纷惹来疲劳游客轻声抱怨……而西湖拥着南北老衲美人两座塔静静地承载这一切，自然与人文荟萃在此安家，历史风云于此又缭绕如雾：也难怪每位来过这里的游客都会吟道“好山好水看不足”了。

风华如此，管领景色要靠人的视觉、听觉、嗅觉乃至触觉，而嗅觉则尤为重要。花香清芬诚然如是，但是我在这里说的嗅觉，是能够闻到千百年来仍然喧哗着的尘烟兴味。何必只注目于那些名流巨子？这一片天地里氤氲的是江南水乡柴米油盐酱醋茶的人间烟火气息。从牙牙学语到垂垂老矣，从青庐交拜到同穴而眠，无数人来人往同着霏微小雨，在西湖交织成网。总有旧的故事老去，总有新的面貌春归。

站在新新的阳台上，放眼望去，湖光山色尽收眼底。再往前看，仿佛间看到朱家骅草舍运筹的身影，看到胡适偕杜威缓缓走来。风月如旧，人事常新。新新是旧而新的：旧者在于沿岸喧阗声中抱朴归一的民国面孔，安稳端居在近代以来的风云变幻之中；而新者在于“君子得其时而驾”，新新总能攫取时代前驱之轨迹，奔腾于时代之新变而自我革新，正如朝阳台上旭日每升，千百年来都是新鲜、生动的阳光，充满活力地洒在西湖湖面上。

新新展望

北宋时期的杭州诗人市长苏东坡，是文章妙手。他写一楼一台，总是喜欢从东、西、南、北四面着笔，历史文脉，娓娓道来。比方说他的《超然台记》《凌虚台记》，都是这样的妙作。如果东坡再世，写新新饭店，也一定会那样写，因为这四面的地望与气脉，太值得写了。新新饭店的东、西、南、北，也是新新饭店的大气场。东边，每天太阳的朝霞，透过断桥、白堤，滟滟波光，摇漾于饭店的窗台之上，代表千年诗意的湖光山色。南面，是现代化的城市生机，是民族复兴的潮流。西边是葛岭与栖霞岭，是抱朴院悠远的钟声，象征深厚的文化沉淀。北面，是岳王庙的庄严与灵峰的梅花，昭示着高贵的宋骨与幽美的宋韵合而为一。

百年新新是一口深井。它有取之不尽的丰沛的泉水，如万斛泉涌，千年不竭。新新饭店的文化内涵，是宝贵的精神财富，提供着后人不断创造的资源。这不得不使我们联想到，苏东坡在这里，在招贤寺，也曾经题过一口井，叫“蒙泉”。“蒙”的意思，就是像地下泉水一样生生不息的活力，这也是新新发展的精神内核。如果起老坡于地下，再请他老人家为新新题字，会不会也还是再题“蒙泉”二字？新新饭店有几棵大樟树，直到今天，都还是香气馥郁，绿意葱然的样子。这几棵大樟树，也真正见证了百年新新的真精神。这也不得不使我们想起陈寅恪先生，曾经对北宋文化有一个著名预言：“华夏民族文化，历数千载之演进，造极于赵宋之世。后渐衰微，终必复振。譬诸冬季之树木，虽已凋落，而本根未死，阳春气暖，萌芽日长，及至盛夏，枝叶扶疏，亭亭如车盖，又可庇荫百十人矣。”

离开新新饭店的那天早晨，我又去登栖霞岭。从岳王庙的山后往栖霞岭顶上攀登，有一段相当陡峭的山路。我在途中休息，看见有个老人从山上走下来。不一会儿，又看见他从山下往上登。我问老人，先生，您为什么又上来了？老人告诉我，自退休之后，他已经坚持了二十多年。每天早晨，要登栖霞岭四个来回，至今如履平地。我听后又惊又愧。老人矫健的神情动态，正是生命不息的充沛活力。后来，我在初阳台上看见那么多的老人，似乎都有相同的矫健的身手、相同的开心的神情。越过湖光的初阳，明亮而新鲜，洒在他们的脸上，洋溢着一种年轻人特有的光泽。青山不老，初阳常在，新新不已，已经不止是一幢楼、一个饭店的展望，也是一个古老文明的展望。

胡晓明　二〇二三年二月二十八日

新新大事记

（一）
新新部分

【1896年】

1896年之前，上海华商百货西洋庄经营者何葆龄在西湖北山街初建“何庄”。

【1906年】

1906年，浙江鄞县人何葆龄、何积藩父子在上海创办“列丰行”，后成为业中分店设立最多、资本积累最快的大型零售“连锁”企业“何锦丰洋广杂货号”。财富积累之后，何葆龄、何积藩父子在葛岭山麓、北山街中段扩建了何庄，占地约五亩，共有中西合璧风格的房屋三幢，其中主楼为假三层三开间的西式坡顶红砖楼屋，共有十余个房间，建筑面积五百多平方米，雅号“何庄”，庄前有临湖码头。

【1908年】

1908年，浙江湖州南浔刘镛家族花费七百两银子买下了现新新饭店孤云草舍这幅土地，面积两亩六分六厘五毫。卖家为“依德堂陈”，买家为“景德堂刘”，即刘镛四子刘湖涵。

【1909年】

1909年，宁波籍上海商人董锡赓与同乡、何庄主人何葆龄之子何积藩合作，在西湖北山的何庄大宅开展接待游客的旅馆经营业务。

【1912年】

1912年7月，杭州开始拆除涌金门至钱塘门的沿湖城墙。由此，杭州变成了湖中城，西湖变成了城中湖。北山街的山庄别墅和饭店旅馆大多是从那以后开始建造的。

1912年，南浔刘镛四子刘湖涵在北山街何庄之西建造了孤云草舍，为三层三开间带红色圆顶的建筑。科林斯柱式，罗马三层连续拱券，是杭州现存的比较纯粹地移植西方古典折衷主义风格建筑，弥足珍贵。

【1913年】

1913年，国门慢慢打开，新文化、新思想、新科学扑面而来，所以两个年轻人一拍即合，决定用“新”作为旅馆的招牌，即新新旅馆。店名取自《礼记·大学》“苟日新，日日新，又日新”之意，英文名“THE NEW HOTEL”。馆址即为何庄面湖的两层西式洋楼。

1913年6月18日，《民立报》发布消息，杭州里西湖新新旅馆开办。

【1916年】

1916年，新新旅馆经理董锡赓因为生意应接不暇，客房不敷使用，于是在何庄之后院赶建了一排楼房添作客舍，以应一时之急需。同时，他也萌发了要在何庄西侧建一座迎合新时代的高楼大厦，打造一家真正意义上的“涉外宾馆”。

【1918年】

1918年，招贤寺完成修缮改建，共占地三亩七分，房屋三十八间，建筑面积1849平方米。

【1922年】

1922年，新新旅馆经理董锡赓聘请上海著名设计师和营造商，在新新旅馆何庄老楼之西，独资建造了西方古典主义爱奥尼克柱式风格的营业大楼。楼高六层，建筑面积2685平方米，有房间九十二个。客房、会议室、会餐厅、书楼间、弹子房、跳舞厅甚至露天影院等一应俱全，还花重金创新饮食，旅馆的西餐被排为当时杭城“最著”之列。大楼仍取名为新新旅馆，注册资金九千银圆。这是杭州历史上第一家真正意义上的“涉外旅游宾馆”。

【1923年】

1923年3月3日，新新旅馆因新屋落成，在上海《新闻报》《申报》刊登开业广告：“本旅馆开设杭州西湖葛岭山下，将近十年。地方幽静，房间清洁，膳食精美，服侍周到，是以各界绅商来杭游历者无不联袂光顾，赞美称善。惟旧址狭小，房间无多，后来者每有向隅之憾。本馆主人深抱歉忱。爰于去春力谋扩充，就毗连空地建造六层高大洋房，仿照欧美新式旅馆，设有会餐厅、书楼间、跳舞室、弹子房等处。房间连接浴室，装有卫生便桶，冷热水龙头等种种设备，无不精致洁净应有尽有，至于中西餐食素所研究早蒙各界赞许。今更添聘各地名厨好手精益求精以冀仰合，惠顾诸君之雅意前经登报布告亮荷。今已新屋落成，装置完备，择于二月初一日开幕，务祈中外各界绅商惠然来临，自当格外优待，竭诚欢迎也。新新旅馆主人董锡赓谨启。”

【1926年】

1926年，《申报》主人史量才在招贤寺旁的闲地庵（静观堂）租得一片空地，拟建别墅。有报载：“曾于里西湖招贤寺旁购有基地一方，该地背枕葛岭、面临孤山，风景至为秀美。惟史氏以事务繁忙，故地虽购而无暇设计筑宅。”

【1929年】

1929年，西湖博览会筹备委员会决定，新新旅馆为西湖博览会接待重要客人的迎宾馆——西宾招待所：“本会为谋增进国际上之感情，对于外宾来会参观者，无不竭诚招待，以表示本省政府欢迎外宾参观之诚意，并指定里西湖之新新旅馆，为外宾住宿之所。因该旅馆居全会场之中心，地点清幽，设备完善，为杭市旅馆中最适宜之处也。”

1929年6月，招贤寺作为西湖博览会“交通部临时电信陈列所”使用，也称“邮电收发处”。

1929年6月，西湖博览会航空陈列处设于孤云草舍西侧之关帝庙，陈列飞机大模型三架，照片图表多种。西湖上空则有“和平”号、“金马”号飞机表演并载客游览。

【1931年】

1931年，杭州旅馆业统计表显示：新新旅馆职员人数四十人，资本额九千元，年营业额两万三千元。

【1932年】

1932年3月2日，《申报》主人史量才和沈秋水向闲地庵住持净轮法师租用庵西空地三亩五分，租期七十年，预付租金五千元以息作租，另付所有权人每年二百元增值补偿。此次地产交易的中间人为“海上闻人”王晓籁，保证人为新新旅馆经理董锡赓。

1932年12月，上海《申报》主人史量才及妻沈秋水建造的秋水山庄竣工。山庄占地三亩六分五毫，建筑面积四百余平方米，并仿《红楼梦》中的怡红院格局修建了后花园。山庄取庄子“秋水时至，百川灌河”之意，也有“半野枯藤缠作梦，秋水文章不染尘”的意境，题名“秋水山庄”。此前，史沈二人来杭办事、游湖均下榻新新旅馆。

【1937年】

1937年12月下旬，杭州沦陷，新新旅馆被日军占据，作为日军高级军官招待所。

【1941年】

1941年3月，日本华中铁道营业课长为日本学者、旅行家木村重博士《杭州》一书写序。书中把华中铁道公司所经营的杭州旅馆作了罗列和介绍，共有六家旅馆。其中西泠饭店和新新旅馆作为第一方阵，价格在三十元以上；其他如常冈宾馆、九洲宾馆、旭宾馆、聚英宾馆价格都在二十元左右。书中写道：“每当列车出发和到达之际，都有专用的迎送汽车运送旅客。有西洋式和和式的房间。附近的景色非常好，林间有松鼠小鸟等成群出没。”

【1944 年】

1944年7月,董锡赓几经周折交涉,终于收回新新旅馆,自己继续经营。11 月，《申报》刊登《杭州西湖新新旅馆复业启事》：“本馆开设杭州里西湖沿马路历有年，所朝南房屋面临西湖，在此复业时期，贵客莅杭游湖，尤为欢迎，如欲长期订租房间者请致函面商均可，电话一〇〇八号。”

【1945 年】

1945 年 10 月，杭州市政府着令新新旅馆改为杭州市外宾招待所。市府“秘社字第 436 号通知”称：“查自抗战胜利以来，外宾络绎。该店设置地点，于外宾下榻颇为相宜。兹本府为适应招待外宾需要，着该店改为‘杭州市招待所’，此后对于内部一切设备招待，务须力求整洁周到，以重国际观瞻，是为至要。仍将遵照情形报查，毋稍违误！”

1945 年 10 月，国民党军队第三战区司令长官部驻扎杭州，将秋水山庄作为军官俱乐部。

1945 年 11 月，新新旅馆经理董锡赓填报杭州市旅店同业公会会员登记表，称旅馆资本额为五百万元，位于里西湖四十号，经理董锡赓，逊清童生，经营旅馆业务三十余年。

1945 年底，秋水山庄终于物归原主，重为沈秋水所有。秋水山庄产权登记保证书上，在“保证原因”一栏上填写的是：“秋水山庄确为史量才妻史沈秋水所继承。”而保证人正是新新饭店的经理董锡赓。在“保证人与被保证人之关系”一栏上，两人填写的是“友谊”。保证书见证了新新饭店与秋水山庄之间的渊源与情谊。

【1947 年】

1947 年 8 月 1 日，杭州尚贤妇孺医院借秋水山庄复业。

【1949 年】

1949 年 10 月，新中国成立后，新新旅馆与孤云草舍被租用为中共浙江省委招待所（又名新新旅馆招待所）。此时的旅馆名厨有李鹤轩等人，曾一度有“住在西泠，吃在新新”之说。

1949 年，省委干校（省委党校）驻扎于里西湖工业馆、玛瑙寺、招贤寺等处，教学场所之一是新新旅馆。省委干校校长谭震林、副校长谭启龙等经常给党员干部们上课作报告。

【1950 年】

1950 年，招贤寺由华东人民革命大学浙江分校（省委党校前身）迁入使用。

1950 年 8 月，杭州市开展房地产所有权登记工作，秋水山庄房地产所有权登记申请书上，申请人为闲地庵静观堂，史量才沈秋水系向闲地庵租地建房，租期七十年，权利人则为“史秋水”，也就是沈秋水，自此，秋水山庄的产权再次得以明确。

【1951 年】

1951 年 1 月 29 日，史量才夫人沈秋水以“史沈双清”名义将秋水山庄产权移交给上海市总工会作为工人疗养所使用，秋水山庄成为“上海市总工会杭州第一工人休养所”。后出于疗养功能需要，秋水山庄向东作了延伸，新扩建的两层小楼约为秋水山庄的两倍。

【1953 年】

1953 年 3 月，北山街孤云草舍西侧的显功庙三开间大殿和四间平房由上海市总工会征用，用作工人休养所。

【1954 年】

1954 年 2 月，杭州市人民政府房地产管理处没收了湖籍“地主”刘家的孤云草舍。

【1956 年】

1956 年，招贤寺房屋由浙江省委党校无偿使用。后归浙江省机关事务管理局管理使用，为新新旅馆招待所的一部分。

1956 年，浙江省委、省政府第四招待所（新新招待所）成立，共有房间七十二间，床位二百八十二张；干部四人，招待员九人，炊事员八人。

【1960 年】

1960 年初，上海市总工会将秋水山庄租借给浙江省交际处使用。由此，秋水山庄成为新新招待所的一部分。

【1966 年】

1966 年 5 月 16 日，“文化大革命”开始，新新招待所作为浙江省革命委员会招待所，曾一度被造反派占据，成为他们的活动场所。

【1978 年】

1978 年，浙江省人民政府第四招待所——新新招待所正式更名为杭州新新饭店。

1978 年，北山街“上海总工会杭州第一工人休养所”（秋水山庄）改名为“西子楼”。

【1979 年】

1979 年，为解决县团级干部出差杭州入住困难，新新饭店北楼建成营业。

【1980 年】

1980 年，新新饭店在原何庄基础上建造新大楼，楼高七层，建筑面积 4269 平方米。

1980 年 12 月，浙江省机关事务管理局与上海市总工会友好沟通、充分协商，将原上海市总工会杭州第一工人休养所移交浙江方面，后经修缮命名为“西子楼”，今恢复原名“秋水山庄”。

【1989 年】

1989 年 12 月 28 日，新新饭店正式注册成立，注册地址：杭州市北山街 56 号—60 号。

【1990 年】

1990 年，新新饭店西楼（孤云草舍）进行大修。

1990 年，新新饭店“西子楼”恢复“秋水山庄”之名，时任文化部常务副部长高占祥题匾“秋水山庄”。

【1993 年】

1993 年 6 月，由新新饭店一次性付给杭州市佛教协会经济补偿费 45 万元，原招贤寺房屋所有权属新新饭店，准予办理产权登记手续。

【1997 年】

1997 年，新新饭店原显功庙旧址前的四棵大樟树，树龄均为一百六十年，编号分别是 659 号、660 号、661 号、662 号，被列入杭州市古树名木名录。

【1999 年】

1999 年，新新饭店对中楼（董庄，1922 年建）进行全面整治维修。

【2000 年】

2000 年，新新饭店中楼（董庄，1922 年建）、西楼（孤云草舍，1913 年建）建筑群被列入杭州市文物保护单位，“文物旅馆”美誉由此诞生。

【2004 年】

2004 年 4 月，《北山街历史文化街区保护规划》在北山街公开展示，新新饭店建筑群是其中的重要组成部分。

2004 年 7 月 13 日，秋水山庄被公布为杭州市第二批市级文物保护点。

【2005 年】

2005 年 3 月 16 日，新新饭店中楼（董庄）、西楼（孤云草舍）被列为浙江省第五批省级文物保护单位。

【2006 年】

2006 年 1 月，秋水山庄修缮改造完成，主楼建筑风格“修旧如旧”，花园仿《红楼梦》中的怡红院格局重新梳理，池塘、假山、长廊、庭院、花木，错落有致，移步换景。

【2008 年】

2008 年，新新饭店被评为“世纪历史经典酒店”。

【2015 年】

2015 年，新新饭店进行了为期近一年的封闭式修缮改造和提升，为二十国集团领导人峰会做好了接待准备工作。

【2016 年】

2016 年 9 月 2 日至 6 日，新新饭店接待了参加二十国集团领导人峰会的老挝人民革命党总书记、国家主席本扬夫妇阁下，以及五位老挝部长等贵宾四十人。本扬主席在 9 月 4 日还为饭店亲笔题词：“我和夫人及老挝代表团一行非常感谢中国共产党和政府，特别是浙江省杭州市政府为我们参加 G20 集团领导人峰会所提供的各项便利条件，并在环境清新、美丽的西湖畔为我们提供了舒适、整洁的宾馆。特别感谢新新饭店热情的接待和完美的服务。祝愿新新饭店不断得到更好的发展。”

2016 年 12 月 6 日，新新饭店荣获“浙江省金鼎级特色文化主题饭店”称号。

【2018 年】

2018 年 4 月，新新饭店荣获“浙江省十佳特色文化主题饭店”称号。

【2020 年】

2020 年 7 月，新新饭店值疫情之际再次整修提升，百年老店惊艳西湖。同期，秋水山庄、招贤寺展开建筑修缮及软装设计工作，喜迎新生。

【2021 年】

2021 年 5 月，新新饭店秋水山庄装饰一新，成为杭州的文化标识和地理坐标。新新饭店西餐“孤云法餐厅”于孤云草舍开张。

2021 年 6 月，唐代古寺招贤寺大殿修旧如旧，恢复了历史面貌。

【2022 年】

2022 年，新新饭店荣获“历史精品酒店”称号，秋水山庄被评为“最受欢迎奢华酒店”和“甄选精品酒店”。

（二）
人文部分

【1913 年】

1913 年，号称“中国最后一个状元”“中华脊梁”“小楷圣手”的刘春霖为新新旅馆题写店名匾额。

【1915 年】

1915 年，江苏著名文人顾无咎来杭州游览西湖时，住在两层小楼的新新旅馆，后来还写了游记。

【1916 年】

1916 年 4 月 2 日至 4 月 9 日，著名出版家、教育家张元济先生作西湖之游，下榻新新旅馆，为旅馆题写了“湖山有美”匾额。

1916 年 4 月 21 日，广东督军陆荣庭来杭，由浙江辛亥革命先驱、爱国将领童保暄陪同下榻新新旅馆。

1916 年 7 月 6 日，辛亥革命元老褚辅成入住新新旅馆，与章太炎先生共同出席浙江省参议会会议。7 月 9 日，上海《申报》记者在新新旅馆采访褚辅成和章太炎。

1916 年秋，苏曼殊在杭州。《重订苏曼殊年表》载：旧历九月，至西湖，住新新旅馆。自是往来杭州上海间。十月至十一月，刊布《碎簪记》于《新青年》杂志。

【1917 年】

1917 年 10 月 7 日，北洋陆军上将、广东省省长朱庆澜来杭游览观潮，下榻新新旅馆。朱庆澜为著名慈善家，曾任国民政府赈济委员会委员长等职。

【1918 年】

1918 年，日本著名俳人（俳句诗人）河东碧梧桐游览西湖，入住新新旅馆。

1918年4月16日至25日，张元济先生再次来杭游湖，仍下榻新新旅馆。

1918 年 11 月，日本著名作家谷崎润一郎入住新新旅馆。1919 年，他写成的《西湖之月》对于旅馆的住宿、饮食等描写甚详。

【1919 年】

1919 年 5 月 5 日，美国著名哲学家杜威夫妇来华讲学，游览西湖，下榻新新旅馆。其间，浙江各界名人与杜威多次会聚新新旅馆。

【1920 年】

1920 年，日本著名作家武林无想庵，新婚旅行到杭，入住新新旅馆，后在他的《放浪第六信》《放浪第七信》等文中有多处记述西湖之行。

1920 年 4 月 8 日至 13 日，日本关西画坛巨匠竹内栖凤一行九人下榻新新旅馆。回国后，竹内栖凤创作了多幅以西湖风光及江南景色为题材的日本画。

1920 年 10 月 17 日至 20 日，英国著名哲学家罗素访华，由沪赴杭参观游览，下榻新新旅馆。

【1921 年】

1921 年 5 月 1 日，日本“新派小说家”芥川龙之介以日本大阪每日新闻社海外特派员身份访华来杭，下榻新新旅馆多日，回国后写出了《中国游记》《江南游记》等，其中《江南游记》共十二个章节的杭州见闻中，主要的舞台就是新新旅馆，对于杭州西湖和新新旅馆有不少详细叙述，不吝笔墨。

1921 年 10 月 5 日，浙江省政法界陈哲侯、陶叔惠、李君辨、刘小溪四位厅长设宴新新旅馆，招待北洋政府司法部次长、著名书画家余绍宋。

【1922 年】

1922 年，日本作家，上海“魔都”一名的命名者松树梢风携女友来到杭州，入住新新旅馆。

【1923 年】

1923 年 4 月 29 日，胡适利用在上海参加会议的休会时间，来到杭州下榻新新旅馆。其间，徐志摩接连几天到新新旅馆胡适住处谈心、谈书、谈诗、谈友情、谈爱情、谈人生，常常一谈就是五六个小时，不觉夜短。6 月 8 日，胡适又从上海来到杭州，仍下榻新新旅馆，这次住了半个月之久。后移居烟霞洞，与曹诚英演绎了一段浪漫的恋情。10 月 19 日，胡适与徐志摩、朱经农搭夜车从上海转回杭州，又在新新旅馆住了十余天，他们在湖心亭畔荡舟看月，在三潭印月闻桂花香，徐志摩离开新新旅馆时还留下了文情并茂的《西湖记》一册、诗文若干。

1923 年 6 月 13 日，学界泰斗蔡元培先生由绍兴来到杭州，下榻新新旅馆 42 号房共六天，其间会晤了胡适、高梦旦。

【1925 年】

1925 年 5 月 10 日，黄炎培先生来杭州西湖，夜访下榻于新新旅馆多日的上海《申报》主人史量才。

【1926 年】

1926 年春，弘一法师受弘伞法师之邀往招贤寺养息静修。3 月 16 日，弘一法师李叔同重返杭州入住招贤寺，整理佛经《华严疏钞》。夏丏尊、丰子恺曾由沪赴杭至招贤寺拜望弘一法师。

【1927 年】

1927 年 3 月—4 月，张静江曾多次由沪赴杭，下榻新新旅馆，并与蔡元培、马叙伦、蒋梦麟、邵元冲等在新新旅馆议事。

【1929年】

1929年10月10日，国民政府代表、工商部长孔祥熙博士来杭参加西湖博览会闭幕典礼。西博会在新新旅馆举行盛大宴会，孔祥熙、陶公衡、张静江、程振钧、朱家骅、周象贤、寿毅成等参加宴会。

1929年，著名作家沈从文应朋友之邀赴杭游览，下榻新新旅馆。

【1930年】

1930年3月31日，蒋介石回浙江奉化探亲扫墓后来杭小住，参加第四届全国运动会开幕式，当晚出席在新新旅馆举行的盛大宴会。

【1931年】

1931年4月10日，宋美龄、宋霭龄、宋子良和母亲倪桂珍等一行二十余人来杭游湖，下榻新新旅馆。是日，蒋介石在西湖花港观鱼蒋庄行邸忙完公务，前往新新旅馆谒见宋老太太，并下榻新新旅馆。

【1932年】

1932年1月，国民党要员张静江、张继、何应钦、张群等先后抵杭，下榻新新旅馆，参加国民党中央在杭州召开的“蒋汪会议”。

【1933年】

1933年8月26日，原黑龙江省政府主席、东北抗日名将马占山自莫干山休养后赴杭，下榻新新旅馆。

【1935年】

1935年2月24日，奥地利姑娘格德鲁特·瓦格纳与浙江东阳籍中国警察杜承荣在新新旅馆举行婚宴，结为伉俪。

1935年至1936年，著名学者南怀瑾在秋水山庄的“家庙”闲地庵阅读了史量才先生的大量藏书，尤其是道家的书，对他以后的人生发展起到了很大的推动作用。

【1937年】

1937年2月10日，除夕，号称蒋介石“文胆”的陈布雷在新新旅馆内替蒋捉刀，“闭门造车”，颇为无奈。最终勉力完成以蒋介石名义发表的《西安半月记》初稿。

1937 年 4 月 29 日，国立浙江大学校长竺可桢与茅以升、李宜之、赵真觉、周象贤等“海归派”科学、工程专家，假座新新旅馆，商议浙江省重大工程建设事宜并聚餐。

1937 年 8 月 22 日，国立浙江大学校长竺可桢与浙江省政府主席朱家骅在孤云草舍会晤，商量浙江大学西迁事宜。

1937 年 12 月，新任浙江省政府主席黄绍竑到杭后，赴孤云草舍拜访前任浙江省政府主席朱家骅，并在孤云草舍举行了交接仪式。

【1946 年】

1946 年 11 月，丰子恺由浙江桐乡石门湾老家赴杭州，暂住招贤寺，并在此创作了大量作品。

【1948 年】

1948 年 10 月 18 日，胡适来到杭州， 赴浙江大学演讲《自由主义与中国》，旧地重游仍下榻新新旅馆。

1948 年秋，弘一法师李叔同部分骨灰由刘质平、林子青等从沪陪送至西子湖畔，暂存招贤寺，后移至虎跑，埋于山岗。

【1949 年】

1949 年，著名作家陈学昭由中共浙江省委组织部介绍，多次居住在新新旅馆招待所，前后达四年之久。她在《浮沉杂忆》一书中回忆了在新新旅馆招待所的美好往事。

【1951 年】

1951 年 10 月，著名民主人士宋云彬调任浙江省政府委员、省文联主席、省文史馆馆长等职，住新新旅馆招待所 43 号房间，直至 1952 年 2 月搬至学士路学士坊寓所。客寓新新旅馆招待所时，题写《1951 年春返故乡有感作》一首：“避寇离乡十四年，前尘如梦复如烟。残阳犹照沈山塔，遗踪尚留白水泉。黄土长埋亡友骨，青春争著祖生鞭。相逢亲旧多衰病，我亦繁霜侵鬓边。”

1951 年 12 月 7 日，杭州第一个中共党小组创建者、时任国务院监察部参事徐梅坤途经杭州，下榻新新旅馆招待所。

【1953 年】

1953 年春，著名诗人艾青回故乡金华体验生活并探亲访友，途经杭州下榻新新旅馆招待所，创作了诗歌《西湖》。

1953 年秋，著名作家黄裳来杭州编写《盖叫天舞台艺术》纪录片脚本，下榻新新旅馆招待所长达两个月，不仅完成了编写任务，还淘买了大量旧书，写了《湖上访书记》。

1953 年 11 月 11 日，时任浙江省委常委、组织部部长杨思一迁居新新旅馆招待所。在此前后，杨思一经常在新新旅馆招待所召开会议，讨论问题，看望干部，接待客人，新新旅馆招待所一度成为浙江省的“干部之家。”

【1973 年】

1973 年，著名数学家华罗庚来到浙江推广优选法，入住新新招待所。

【1978 年】

1978 年，著名画家周昌谷下榻新新饭店，为原秋水山庄题写“西子楼”匾额。

【1980 年】

1980 年秋，著名书法家沙孟海为新新饭店题写店名——“杭州新新饭店”，笔力遒劲洒脱，极具大家风范。

【1981 年】

1981 年 4 月 1 日，著名作家巴金来杭州，下榻杭州新新饭店，写下了《随想录》之六十四《现代文学资料馆》。

1981 年 4 月 20 日至 5 月 23 日，首届电影“金鸡奖”暨第四届《大众电影》“百花奖”评奖授奖活动在杭州举行，新新饭店作为此次盛会的“大本营”，接待了夏衍、张骏祥、袁文殊、司徒慧敏、于伶、钟惦棐、沈浮、林彬、白杨、张瑞芳、谢晋、秦怡、程之、叶楠、吴贻弓、朱逢博、石维坚、王馥荔、刘晓庆、张瑜、陈冲等当时的影坛名人。

【1982 年】

1982 年 4 月，著名作家巴金入住新新饭店。

【1984 年】

1984 年 9 月 1 日，新新饭店作为“莫干山会议”的杭州中转站，接待了来自全国各地的中青年经济学专家学者，其中不乏后来成为党和国家领导人及经济研究权威专家的与会者。

【1986 年】

1986 年秋，红军时期参加革命的著名诗人曾卓来到杭州，下榻新新饭店。

1986 年 11 月，著名作家萧军偕夫人王德芬、女儿萧耘来到杭州，入住新新饭店。

【1987 年】

1987 年 4 月中旬至 5 月上旬，启功先生应浙江省有关方面邀请，参加绍兴兰亭书会和浙江重要书画鉴定工作，两次下榻新新饭店。其间，为饭店题写了绝句一首：“高楼踞胜号新新，柳暗花明四面春。我幸有缘留一月，明年当作再来人。”

【1989 年】

1989 年 7 月 2 日，著名民主人士毛翼虎下榻新新饭店，写下了《答妻索诗》五首，其四：“新新馆外望西湖，如此风光天下无。坐对斜阳春正好，隔帘人语已模糊。”

【1990 年】

1990 年，“湖畔诗人”汪静之由胡适侄外孙陪同，在新新饭店接受了记者专访。

【1991年】

1991年11月22日，中国致公党浙江省第一次代表大会在新新饭店召开。

【1996年】

1996年，海峡两岸交流协会会长汪道涵（曾任上海市市长）登临新新饭店东楼“天画苑”，欣然题词“湖光山色”。

【2007年】

2007年3月，美国前财政部长斯诺来新新饭店七楼景观餐厅“天画阁”用餐。

2007年3月，第一届“金鸡奖”暨第四届《大众电影》“百花奖”组委会部分人员会聚新新饭店，召开文化艺术座谈会。

2007年10月，挪威著名作家乔斯坦·贾德来新新饭店用餐，对新新饭店的民国特色表示赞赏。

【2008年】

2008年9月，中国台湾著名学者、胡适研究专家林毓生下榻新新饭店403室“胡适房”。